Julia Sulies

Lesen mit Sinn
Texte lesen und verstehen

Heft 6

Bestellnummer 07398

Bildungsverlag EINS

Inhaltsverzeichnis

Bären im Vergleich

Braunbären gibt es in Europa, Nordafrika, Nord- und Mittelasien und Nordamerika. Es gibt viele Unterarten. Am bekanntesten ist der Grizzly. Braunbären sind mit rund 300 kg die zweitgrößten Bären. Auf ihrem Rücken haben sie einen Buckel. Braunbären sind Allesfresser. Sie fressen Pflanzen, Insekten, aber auch Elche.

Der Kragenbär hat an den Schultern und am Nacken lange schwarze Haare. Sie sehen aus wie ein Kragen. Auf der Brust hat er einen weißen Fleck in Form eines V und seine Ohren sind besonders groß. Er lebt in den Wäldern Asiens, bevorzugt auf Bäumen. Auf seinem Speiseplan stehen Ameisen, Beeren, Früchte, Samen und Bienenhonig.

Auf den Eisschollen und auf dem Festland in der Arktis lebt der Eisbär. Sein dichtes weißes Fell und eine dicke Fettschicht schützen ihn vor der Kälte. Mit über 500 kg und mehr als 2 m Länge ist er der größte lebende Bär. Der Eisbär ernährt sich von Robben, Fischen, Walrossen, Walen und menschlichen Abfällen. Er hat große Tatzen mit Schwimmhäuten zwischen den Zehen. Deshalb ist er ein guter Schwimmer.

Die häufigste Bärenart ist der Schwarzbär. Sein Fell ist schwarz, seine Schnauze braun. Er ist in den Wäldern Nordamerikas zu Hause. Der Schwarzbär ist ein Allesfresser und ein guter Kletterer.

Der Lippenbär kann seine Unterlippe bis über seine Nase schieben. Seine helle Schnauze ist spitz und beweglich. In den Monsunwäldern Indiens bricht er mit seinen langen Krallen Ameisenhaufen, Termitenhügel und Bienennester auf. Anschließend formt er seine Lippen und seine Zunge zu einem großen Trinkhalm und saugt die Insekten ein. Damit keine Ameisen in seine Nase krabbeln, kann der Lippenbär seine Nasenlöcher verschließen. Das braungraue Fell des Lippenbären ist lang und zottelig. Auf der Brust hat er einen Fleck in Form eines U oder Y.

Eines der seltensten Säugetiere im tropischen Regenwald Südostasiens ist der Malaienbär. Sein Fell ist schwarz, kurz und seidig. Auf der Brust hat er einen weißlichen oder gelblichen Fleck. Er besitzt eine lange bewegliche Schnauze und eine lange schmale Zunge. Wie der Lippenbär bricht er Termitenhügel auf. Außerdem ernährt er sich von Wurzeln, Früchten, Vögeln und kleinen Säugetieren.

Der einzige Großbär in Südamerika ist der Brillenbär. Er schläft unter Baumwurzeln oder in Höhlen. Der Brillenbär frisst Blätter, Gräser, Früchte, Vögel, Mäuse und Kaninchen. Er verdankt seinen Namen der hellen Zeichnung um seine Augen, die wie eine Brille aussieht.

1.

Ergänze die Tabelle.

	Name	Heimat	Ernährung	Besonder-heiten

Casting

Tobias Ellguth:

Als ich im Internet den Casting-Aufruf zur neuen DSDS-Staffel entdeckte, erinnerte ich mich an ein Video auf You-Tube. Es kam von der österreichischen Version von DSDS. Ein paar Jungs haben da ein Death-Metal-Stück gekeift. Ich mag Death-Metal und „growle" auch selbst ganz gerne mal ein paar Songs. Da dachte ich, es wäre witzig, und meldete mich bei der Casting-Show an. Ich wollte die Zuschauer schocken und Spaß haben. Als ich dann vor Dieter Bohlen und den anderen beiden Jurymitgliedern stand, war mir schon etwas mulmig. Schon während ich growlte, schaute mich die Jury irritiert an. Als ich fertig war, habe ich versucht, freundlich die drei fassungslosen Gesichter anzuschauen. Dieter Bohlen hat versucht, mich nachzuäffen. Da habe ich ihm geraten, mit der Stimme etwas tiefer zu gehen. Dann kam er mit seiner üblichen verletzenden Kritik. Aber er meinte auch, dass es echt mutig gewesen sei, mit dem Stil aufzutreten. Trotzdem bereue ich meinen Auftritt. Auch wenn meine Freunde mich aufmuntern, es wäre eine total lustige Aktion gewesen, würde ich den Schritt nicht noch mal machen. Ich habe das Gefühl, jeder kennt mich. Leute auf der Straße wollen, dass ich ihnen etwas vorsinge. Von dem Medienrummel ganz zu schweigen. Damit habe ich nicht gerechnet. Gott sei Dank bin ich nicht weitergekommen.

Kenny MaCasero:

Eigentlich war es nur eine spontane Aktion, als ich mich im Jahr 2003 bei der Sat.1-Casting-Show „Star Search" beworben habe. Ein Star wollte ich nie werden. Die Idee stammte von meiner Gesangslehrerin und meiner Mutter, weil ich vorher noch nie richtig vor Publikum gesungen hatte. Ich sah es als Herausforderung. Tatsächlich wurde ich als einer unter den besten 16 von 10 000 Bewerbern nach Berlin eingeladen. Die Zeit dort war wie Urlaub für mich: wohnen im Fünf-Sterne-Hotel und viele Partys. Sogar Stars wie Beyoncé, Ricky Martin und Craig David habe ich kennengelernt. Das erste Mal vor der Kamera zu singen, war schon ein komisches Gefühl. Insgesamt habe ich mich aber schnell in den ganzen Betrieb eingefunden. Als ich im Achtelfinale rausflog, war ich nicht besonders enttäuscht. Schließlich war ich gar nicht darauf aus zu gewinnen. Meine Freunde haben sich trotzdem alle sehr für mich gefreut. Natürlich gab es auch einige Neider, besonders in der Schule. Außerdem wurde ich in den ersten Monaten mehrmals auf der Straße erkannt und habe ungefähr 150 Briefe von Fans bekommen. Heute gehe ich in die zwölfte Klasse und schreibe in meiner Freizeit mit einem Musikproduzenten gemeinsam Songs. Ich will auf jeden Fall weiterhin Musik machen und irgendwann eine eigene Platte herausbringen. Bei einer Casting-Show würde ich allerdings nie wieder mitmachen.

Quelle: Tobias Ellguth, aufgezeichnet von Stefanie Hiekmann, Hannoversche allgemeine Zeitung, Nr. 61, 13.03.07
Kenny MaCasero, aufgezeichnet von Mareike Zoege, Hannoversche allgemeine Zeitung, Nr. 61, 13.03.07

1. Ordne die Aussagen, Gedanken und Gefühle dem richtigen Casting-Teilnehmer zu.

Tobias	Aussage, Gedanken, Gefühle von ...	Kenny
	Ich stehe auf Hardrock und Heavy-Metal-Musik.	
	Ich bin in der Vorrunde ausgeschieden.	
	Ich bereue meine Casting-Teilnahme nicht.	
	Warum guckt mich die Jury so verwundert an?	
	Mir wird ganz flau im Magen.	
	Publikum und Kamera sind eine neue Erfahrung für mich.	
	Ich fühl mich wie in den Ferien.	
	Mir ist es unangenehm, dass mich jetzt so viele kennen.	
	Ich habe seit vielen Jahren Gesangsunterricht.	
	Ich habe es unter die letzten 16 geschafft.	
	Jetzt bloß lächeln und freundlich gucken!	
	Wann soll ich bloß die Post beantworten?	
	Wie cool, da ist ja mein Lieblingsstar.	
	Der ganze Trubel stört mich nicht die Bohne.	
	Ich wollte bloß Spaß haben.	
	Auf die Idee mit dem Casting bin ich durchs Internet gekommen.	
	Mit seiner Stimme müsste er ein wenig runtergehen.	

Computer, Internet und Co.

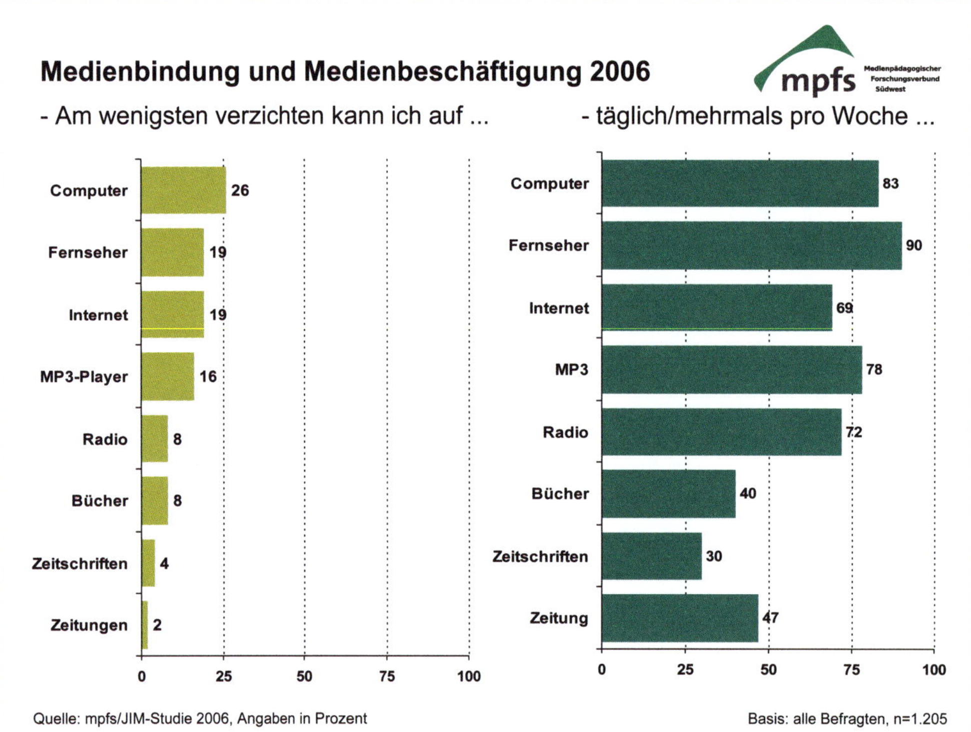

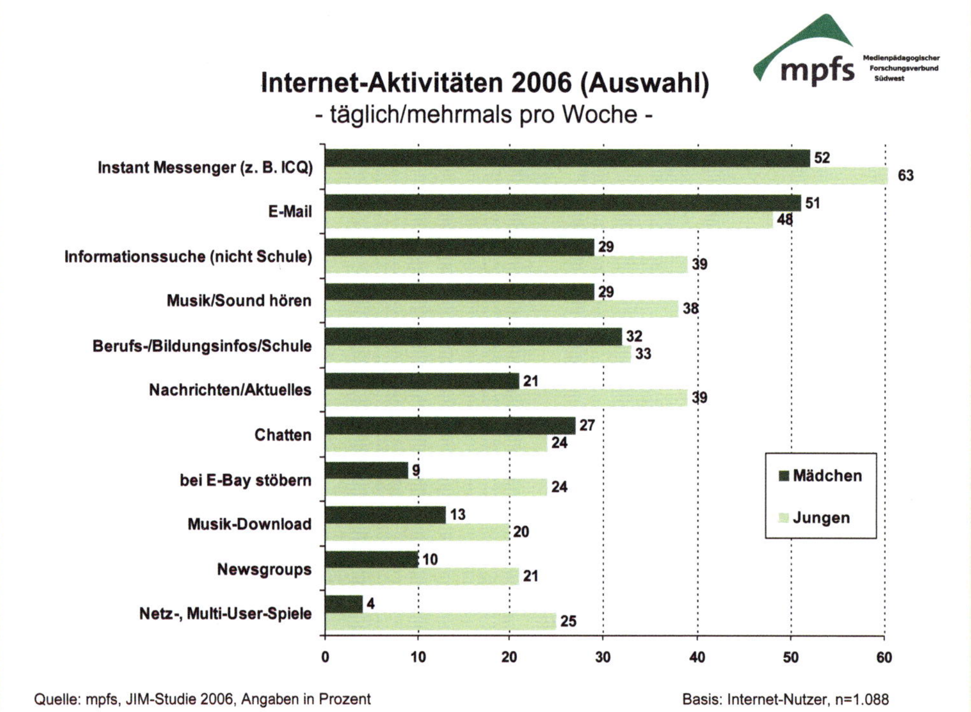

1. Fülle den Lückentext aus.

Die JIM-Studie 2006 untersuchte das Medienverhalten der 12- bis 19-Jährigen in Deutschland. Es zeigt sich, dass der Computer an Bedeutsamkeit bei den Jugendlichen zunimmt. So kann jeder vierte Jugendliche am wenigsten auf den ________________ verzichten. Mit _____ % wird der ______________ jedoch am häufigsten genutzt. Neben dem Fernsehgerät ist das ________________ bei 19 % der Jugendlichen ein Muss. Die meisten Jugendlichen haben einen Internetzugang zu Hause. Mehrmals pro Woche gehen sie online. An erster und zweiter Stelle stehen der Austausch über

____ und ________________.

32 % der Mädchen nutzen das Internet zur Suche nach Informationen bezüglich ______________________, ____________________, und ________________. Bei den Jungen stehen die Aktivitäten

__________________________ und ______________________________

mit gleichem Prozentwert auf dem dritten Platz.

_____ % der Mädchen und ____ % der Jungen suchen regelmäßig Chatrooms auf. Das Internet wird folglich überwiegend zur Kommunikation und Informationssuche genutzt. Das Interesse an Computerspielen nimmt dagegen ab. Nicht so die Musik: So nutzen ___ % mehrmals pro Woche den ________________________,

um Musik zu hören. Jeder fünfte Junge (20 %) nutzt das Internet zum ______________________ von _________________.

So verwundert es nicht, dass viele Jugendliche zwischen 100 und 500 verschiedenen Titeln auswählen können. Trotz der neuen Medien liest fast jeder zweite Jugendliche (47 %) täglich die

__________________________________.

Laura und das Geheimnis von Aventerra

Laura Leander hat den Kopf voller Sorgen: Ihr Vater Marius ist vor einem Jahr spurlos verschwunden. Ihre Stiefmutter nörgelt immerzu und macht ihr das Leben schwer. Ihren jüngeren Bruder Lukas mag sie sehr, aber manchmal geht er ihr mit seiner ständigen Besserwisserei gewaltig auf die Nerven. In der Schule drohen ihr zwei Fünfen auf dem Zeugnis. Und dann passieren in letzter Zeit so unheimliche Dinge: Bei einem Ausritt auf ihrem Pferd Sturmwind wird Laura von Krähen angegriffen. Dann wird sie auch noch von einem dunklen Reiter verfolgt. Oder bildet sie sich das alles nur ein?

An ihrem Geburtstag wird Lauras Leben völlig auf den Kopf gestellt: Sie wird in ein großes Geheimnis eingeweiht: Neben unserer Welt gibt es eine Parallelwelt mit dem Namen Aventerra. Sie ähnelt unserer Erde zur Zeit des Mittelalters: Burgen und kleine Bauerndörfer. Hier streiten und kämpfen die Krieger des Lichts gegen die Mächte der Dunkelheit. Borboron ist der schwarze Fürst der Finsternis. Er will die Macht über Aventerra besitzen. Sollten die Mächte der Dunkelheit tatsächlich siegen, würde das Böse für immer herrschen. Im Augenblick scheinen die dunklen Ritter einen Schritt voraus zu sein.

Dann gibt es noch die Wächter: Nur sie kennen das Geheimnis von Aventerra.

Sie sehen aus wie Menschen. Sie sind vor unendlich langer Zeit aus Aventerra auf die Erde gekommen und besitzen besondere Fähigkeiten. Ihre Aufgabe ist es, den Mächten des Lichts zum Sieg zu verhelfen, also über das Gute zu wachen.

An ihrem Geburtstag erfährt Laura nun, dass auch sie Wächterin des Lichts ist.

Sie soll den Hüter des Lichts vor dem Tod retten. Dafür muss sie den Kelch der Erleuchtung finden und ihn in der Nacht der Wintersonnenwende durch die magischen Pforten nach Aventerra bringen. Denn nur in dieser einzigen Nacht kann man von einem Planeten zum anderen gelangen. Wenn Laura den Kelch bis dann nicht gefunden hat, ist alles verloren. Der Kelch der Erleuchtung befindet sich aber in den Händen der Anhänger der dunklen Mächte. Sie sind wie die Wächter auf die Erde gekommen, um dem bösen Borboron von hier aus zu helfen.

Als Laura das erfährt, ist sie fassungslos. Wie soll ihr das gelingen?

Der alte Wächter Morgenstern soll ihr dabei helfen. Denn sie braucht dringend Unterricht im Gedankenlesen, Traumreisen unternehmen und Telekinese*. Sonst hat sie gegen die dunklen Mächte überhaupt keine Chance. Doch als Laura und Lukas in ihr Internat Burg Ravenstein zurückkehren, erwartet sie Schlimmes: Der Schulleiter Professor Morgenstern liegt im Sterben. Er hat sich an Lauras Geburtstag verletzt und ist seitdem von einer rätselhaften Krankheit befallen. Zum Glück ist da noch der Sportlehrer Percy. Er bringt Laura das Reiten und Fechten bei. Und die Lehrerin Miss Mary unterrichtet Laura in Magie und Zauberei. Ihr bleibt nicht mehr viel Zeit bis zur Wintersonnenwende.

Doch dann trifft sie Rauenhauch. Rauenhauch ist ein flüsternder Nebel. Er befindet sich in einem kleinen Fläschchen und macht seinen Besitzer unsichtbar.

** Das sind übersinnliche Fähigkeiten. Mit ihnen kann man Gegenstände bewegen.*

1. **Welche der genannten Tiere und Personen können Laura bei der Suche nach dem Kelch der Erleuchtung helfen? Unterstreiche sie im Text grün.**

2. **Welche besonderen Fähigkeiten besitzt Laura? Unterstreiche sie blau.**

3. **Wie gelangt Laura an den Kelch der Erleuchtung? Wie bringt sie ihn in der Nacht der Wintersonnenwende nach Aventerra? Schreibe dein Ende der Geschichte.**

Glückskekse

Zur Geschichte des Glückskeks

Vermutlich stammt der Glückskeks vom Mondkuchen ab. Dieser wurde in China zu vielen verschiedenen Anlässen serviert. Ursprünglich war er mit einer Pastete gefüllt. Als China im 13. und 14. Jahrhundert von den Mongolen erobert wurde, legten die Chinesen Zettel mit geheimen Botschaften in die Mondkuchen. So konnten sie sich unbemerkt austauschen und angeblich auch ihren Widerstand gegen die mongolische Herrschaft organisieren. Von 1866 bis 1869 wurde in Amerika die große Eisenbahnstrecke durch die Sierra Nevada gebaut. An dem Bau waren über 10000 Chinesen beteiligt. Ihren traditionellen Mondkuchen konnten sie in Amerika nicht backen, weil ihnen dort die Zutaten fehlten. So änderten sie das Rezept, und der heutige Glückskeks entstand. Er wurde nach dem Essen zum Tee verzehrt. Seit 1964 stellt eine amerikanische Firma den Glückskeks maschinell her. Erst 30 Jahre später gelangte er nach China.

Zur Herstellung von Glückskeksen

Zuerst einmal solltest du dir viele verschiedene Sprüche überlegen. Schreibe sie auf kleine Papierstreifen. Vor der Teigzubereitung solltest du dir eine Schablone aus Pappe anfertigen. Die Pappe sollte kleiner sein, als der Bogen Backpapier, den du verwendest. Auf ihr zeichnest du zwei Kreise mit einem Durchmesser von 10 cm auf und schneidest sie aus.

Für ca. 10 Glückskekse brauchst du:

- 2 Eiweiß
- 100 g weiche Butter
- 100 g Puderzucker
- 100 g Mehl
- 6 EL Öl

Als Erstes verrührst du alle Zutaten zu einem glatten Teig. Anschließend legst du Backpapier und deine Schablone auf ein Backblech. Nun verstreichst du gleichmäßig in jedem Kreis einen Esslöffel Teig. Danach nimmst du die Schablone weg und backst die Kekse etwa 10 Minuten lang im vorgeheizten Backofen bei 150 °C. Jetzt musst du dich beeilen: Nimm einen Kreis vom Blech, lege einen Papierstreifen hinein, falte den Kreis in der Mitte zu einem Halbkreis. Knicke dann die gerade Kante des Halbkreises über den Rand einer Tasse und bringe so den Keks in die typische Glückskeksform.

1. Bringe die Fotos in die richtige Reihenfolge, indem du sie nummerierst.

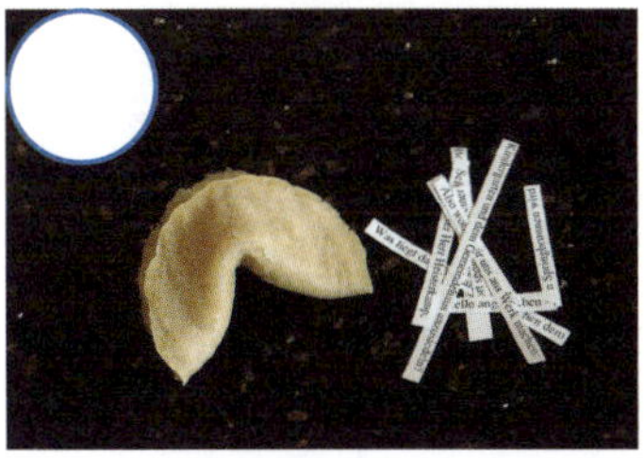

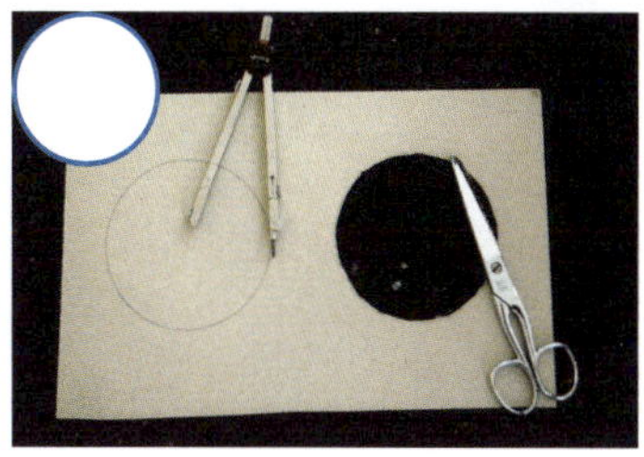

2. Wie heißt der Satz? Verbinde! Die Buchstaben hinter den richtigen Lösungen ergeben das Lösungswort.

Der Glückskeks wurde erfunden	in China. (A) in Amerika. (W)
Die Sierra Nevada ist	in China. (N) in Amerika. (A)
In China wurde der Glückskeks bekannt	im Jahre 1964. (T) im Jahre 1994. (S)
Auf den Papierstreifen stehen	Wörter. (S) Sätze. (H)
Glückskekse werden	nach dem Essen gegessen. (I) vor dem Essen gegessen. (O)
Die große Eisenbahnstrecke entstand	im 18. Jahrhundert. (P) im 19. Jahrhundert. (N)
Der Glückskeks stammt ab	vom Mondkuchen. (G) vom Mundkuchen. (L)
Der Glückskeks ist Folge	von mangelnden Zutaten. (T) des fehlenden Rezepts. (R)
Das Backpapier muss	kleiner als die Schablone sein. (E) größer als die Schablone sein. (O)

Lösungswort: ___ ___ ___ ___ ___ ___ ___ ___ ___ N

Hooligans – brutal wie nie!

Sie bewaffnen sich mit Messern, Baseballschlägern und Steinen. Dann marschieren sie im Mob*, prügeln wild auf Polizisten oder gegnerische Fans ein: Die Fußball-Hooligans werden immer brutaler!

„Teilweise geht's zu wie im Krieg", klagt FIFA-Präsident Sepp Blatter. Zu Recht, denn: Seit Anfang des Jahres kam es in fast allen europäischen Ligen zu schlimmen Krawallen! Und das leider auch in Deutschland! Vor allem im Osten, wo es bei Spielen der 3. Liga immer wieder zu Schlägereien kommt. Egal, ob in Dresden, Leipzig oder Chemnitz – überall Szenen wie auf einem Schlachtfeld!

Besonders schlimm ist, dass sich die Zahl der „Hools" in den letzten drei Jahren auf etwa 10000 verdoppelt hat. Und dabei handelt es sich nur um die bei der Polizei registrierten Hooligans. Die Dunkelziffer** liegt noch deutlich höher. Auch ein neues Schlagwort macht die Runde: Hooligan-Tourismus. Das bedeutet, dass sich die Hools zum Schlagen verabreden, nicht im Stadion, sondern auf größeren Plätzen, im Wald oder in Parkanlagen, sogar im Ausland. Hier können sich dann auch diejenigen Hooligans mitprügeln, die bereits ein Stadionverbot erhalten haben oder die sich überhaupt nicht für Fußball interessieren.

Den Sicherheitskräften bereitet das große Schwierigkeiten. Doch die sagen den brutalen Hooligan-Horden jetzt den Kampf an!

So kämpfen Polizei und FIFA gegen die Gewalttäter:

- **Härtere Strafen!** In Frankreich erhielt jetzt ein Rowdy sechs Monate Haft für Angriffe auf Polizisten. Künftig drohen sogar bis zu zehn Jahren Gefängnis!
- **Grenzkontrollen!** Zu internationalen Fußballspielen werden verdächtige Autos kontrolliert und erhalten Einreiseverbot, wenn die Halter als Hooligans registriert sind.
- **Mehr Polizei!** Szenekundige Polizisten überwachen die Fanblöcke per Video. Ab sofort soll in allen Stadien das Sicherheitsaufgebot erhöht werden.
- **Strafen für Vereine!** Vereine müssen mit Punktabzügen und Spielsperren rechnen, wenn deren „Fans" gewalttätig werden. Bei häufigeren Vorfällen droht sogar der Zwangsabstieg oder ein Ausschluss der Fußballmannschaft. Bei Beschimpfungen der gegnerischen Spieler müssen die Vereine Geldstrafen bezahlen.

Immer mehr Hooligans vergessen ihren Ehrenkodex! Sie greifen nicht nur gegnerische Hooligans an, sondern auch Zuschauer. Sie achten nicht darauf, dass beide „Schläger-Gruppen" aus etwa gleich vielen Hooligans bestehen. Sie schlagen und treten weiter, auch wenn eine Person auf dem Boden liegt. Und sie greifen zu Waffen und Gegenständen (Regenschirme, Flaschen etc.), obwohl ihr Ehrenkodex das verbietet.

Quelle: Bravo Sport Nr. 8, 4. April 2007.

* *randalierender Haufen*

** *Viele Hooligans sind bei der Polizei noch nicht bekannt und deshalb nicht registriert. Diese Zahl der Hooligans nennt man „Dunkelziffer".*

1.

Im Osten Deutschlands bewerfen 800 „Hools" 300 Polizisten mit Steinen. Dabei werden 32 Beamte und sechs Zivilisten verletzt. Gegen welche drei Punkte des Ehrenkodex haben die Hooligans hier verstoßen?

1. ______________________________

____

2. ______________________________

____

3. ______________________________

____

2.

„Die Fußballrowdys schaden ihrem eigenen Verein." Begründe diese Aussage.

____

____

3.

Besonders gewaltbereite Fußballfans werden auch als „Freunde der 3. Halbzeit" bezeichnet. Warum wohl?

____

____

4.

In Italien wurde bei Fußball-Krawallen ein Polizist getötet. Der Präsident des Fußballverbandes sagte daraufhin: „Wir können so nicht weitermachen. Was wir sehen, hat nichts mit Fußball zu tun." Er sagte alle Spiele der italienischen Profiliga ab. Was könnte er noch tun?

Ureinwohnervölker

Die Ariaal sind Nomaden. Auf der Suche nach Wasser und Gras für ihre Tierherden ziehen sie durch den Norden Kenias. Doch die weltweite Klimaerwärmung lässt ihr Land immer trockener werden. Die Dürre der letzten Jahre hat dazu geführt, dass Tausende Kühe und Kamele verendet sind. Auch andere kenianische Völker leiden unter dem Klimawandel. Eine Sprecherin dieser Völker hat kürzlich eine beeindruckende Rede auf der Weltklimakonferenz gehalten. „Mein Volk reist nicht mit dem Flugzeug in den Urlaub, und wir fahren auch keine dicken Geländewagen. Dennoch leiden wir am meisten unter den Folgen des Klimawandels." Und tatsächlich: Die Menschen in den USA, China und Europa produzieren am meisten Kohlendioxid. Denn ihre Autos und Flugzeuge stoßen dieses Gas aus. Das ist eine der Ursachen der Klimaerwärmung.

Die Ariaal dagegen sind in die Berge gezogen, wo es noch genug Wasser gibt.

Niemand ist den Pfeilmenschen bisher begegnet. Sie zählen zu den letzten 17 Völkern, die unentdeckt im Amazonasgebiet in Brasilien leben. Die Flecheiros, wie sie auf Portugiesisch heißen, sollen hervorragende Schützen sein. Sie erlegen ihre Beute mit vergifteten Pfeilen. Mehr wissen wir nicht über sie. Und das soll auch so bleiben, meint der Menschenrechtler Sydney Possuelo. Auch er hat noch nie einen Flecheiro gesehen. Durch den Kontakt mit Weißen könnten sich die Ureinwohner mit Krankheiten anstecken, gegen die sie keine Abwehrkräfte haben. Im Auftrag der brasilianischen Regierung reist Sydney immer wieder an den Amazonas, um die Ureinwohner zu schützen. Er findet heraus, wo die Flecheiro-Dörfer ungefähr liegen. Dieses Gebiet schützt die Regierung dann.

Die Penan leben im Norden Borneos im Regenwald. Sie sind ein sehr friedfertiges Volk. Sie schreien sich nicht an und streiten nicht miteinander. Es gibt kein persönliches Eigentum. Alles wird geteilt. Deshalb verstehen sie die malaysische Regierung nicht, die mit Bulldozern den Regenwald zerstört, die Heimat der Penans. Die Penan kämpfen dagegen an und bitten die Regierung, ihr Land zu schützen.

Doch daran zeigt die Regierung bis heute kein Interesse.

Noch leben auf unserer Erde etwa 500 Ureinwohnervölker.

Quelle: National Geographic world – das zweisprachige Wissensmagazin für Kinder, März 2007

1. Vervollständige die Sätze.

Die Ariaal mussten ihr Land verlassen, weil ______________________

____.

Das ______________ ist eine Ursache für die Klimaerwärmung.

Die Ariaal sind in die Berge gezogen, weil ______________________

____.

Flecheiros heißen auf Deutsch ______________________________,

weil ____.

Die Penan sind ein äußerst friedliches Volk, weil ______________

____.

Die Penan werden aus ihrer Heimat vertrieben, weil ____________

____.

2. Von den Flecheiros gibt es kein Foto. Gefällt oder missfällt dir das? Begründe deine Meinung.

3. Warum schützt die malaysische Regierung die Penans nicht? Sprich mit einem Partner darüber.

Spannende und lustige Jugendbücher

1. Eine Band fährt zum Proben in die Berge. Die vier Freunde, zwei Jungs und zwei Mädchen, wollen Musik machen, snowboarden und Ski fahren. Auf einer ihrer Touren geraten sie in einen Schneesturm, der sie zwingt, sich eine Höhle zu bauen. Beim Graben stoßen sie plötzlich auf die Leiche einer jungen Frau …

2. Tobin hat nicht nur eine halb verrückte Großmutter, abgedrehte Geschwister und einen unmöglichen Vater – auch sein Klassenkamerad Henry hat einen Knall: Er züchtet begeistert Hühner. Mit ihrem Seelenleben kennt er sich bestens aus. Und später wird er zusammen mit seinem Bruder ein Geflügel-Imperium aufbauen. Als dritten Mann im Bund der Hühner-Geschäftsmänner hat er sich Tobin ausgesucht. Der will aber nichts davon wissen. Er vermisst seine Mutter und will in Ruhe gelassen werden. Doch was man von Hühnern alles lernen kann, hätte Tobin nie für möglich gehalten …

3. In einer Zeitungsredaktion sitzen sich zwei Männer gegenüber: Paul Faustino, der bekannteste Sportjournalist von Südamerika, und EL Gato, die „Katze" – der beste Torwart der Welt. Es wird eine lange Nacht, denn El Gato erzählt seine Geschichte: vom Aufwachsen in einer kleinen Holzfällersiedlung mitten im Urwald, von seiner Entdeckung als Torwart und seinem gigantischen Aufstieg und vom tragischen Tod seines Vaters. El Gato berichtet aber auch von dem geheimnisvollen Keeper, dem er alles verdankt …

4. Italien 1502: Fernab vom großen Geschehen entgeht der junge Matteo mit einem Sprung in den Fluss knapp einem Mordanschlag. Kräftige Hände ziehen ihn an Land. Sie gehören Leonardo da Vinci. Der Meister reist in Diensten des finsteren Fürsten Cesare Borgia durchs Land, und Matteo darf ihn begleiten. Plötzlich verkehrt der Straßenjunge Matteo in wohlhabenden Familien und Klöstern. Leonardo führt ihn in die Geheimnisse der Künste und der Wissenschaften ein. Doch gefährliche Intrigen, Verrat und Verbrechen verfolgen Matteo, dessen Herkunft im Dunkeln liegt. Matteo trägt etwas bei sich, für das die Borgia und die Medici bereit sind, jeden Mord zu begehen, um es zu bekommen …

5. Emily geht in die 7. Klasse. Eine normale Schülerin ist sie aber nicht. Das Ungewöhnliche an ihr ist, dass sie mit ihrer Mutter auf einem Boot im Hafen lebt. Das ist aber nicht das einzig Merkwürdige an Emily: Denn während des Schwimmunterrichts wachsen plötzlich ihre Beine zu einem Nixenschwanz zusammen. Sie schämt sich so sehr, dass sie sich niemandem anvertraut. Andererseits ist sie aber auch neugierig, was da mit ihr geschieht. So taucht sie hinab ins Meer, um es zu erforschen. Dort lernt sie die Nixe Shona kennen, die ihre beste Freundin wird. Und schon bald stellt sich heraus, dass Emily nicht die Einzige ist, die ein Geheimnis hat.
Was verbirgt sich hinter dem Leuchtturmwärter und Verehrer ihrer Mutter? Warum wohnt Emily überhaupt auf einem Boot und wieso ist ihre Mutter wasserscheu? Ein nasses und aufregendes Abenteuer wartet auf Emily …

Quelle: www.libri.de

1.

Auf der linken Seite stehen Klappentexte* von fünf Büchern. Ordne diesen Klappentexten die folgenden Kritiken zu, indem du sie nummerierst.

- ○ „Sakrileg“ für Jugendliche: Ein fesselnder Roman in Italien im 16. Jahrhundert. Faszinierende Einblicke in da Vincis Leben und Schaffen.
- ○ Liebevoll und tiefsinnig erzählte Freundschafts- und Familiengeschichte voller Skurrilitäten** und Sprachwitz.
- ○ Eine wunderschöne Fantasy-Geschichte. Sie entführt den Leser in die abenteuerlichen Tiefen des Meeres. Ein modernes Märchen nicht nur für Kinder und Jugendliche!
- ○ Viel mehr als die Biografie eines Fußballers: eine mythisch-fantastische Geschichte und ein unglaublich spannendes Fußballbuch.
- ○ Ein Krimi, der unter die Haut geht. Hochspannung bis zur letzten Seite.

2.

Ordne den Klappentexten die Buchtitel zu, indem du sie nummerierst.

○ Das Medici-Siegel ○ Chicken Boy ○ Emilys Geheimnis
○ Schneesturm ○ Keeper

3.

Schreibe den jeweiligen Buchtitel hinter die Buchart.

Kriminalroman: ____________ Belletristik***: ____________

Biografie: ____________ Fantasy: ____________

historischer Roman: ____________

4.

Welches der Bücher interessiert dich am meisten? Sprich mit einem Partner darüber.

* *In Klappentexten erfährst du, wovon das Buch handelt. Sie stehen auf der Rückseite oder auf der Umschlagklappe eines Buches. Daher kommt der Name „Klappentext“.*

** *Merkwürdigkeiten*

*** *Unterhaltungsliteratur*

Der ALL-Tag der Astronauten

Raumstationen sind keine Luxushotels mit Sportanlagen und Pool. Es ist sehr eng, und alles schwebt wegen der Schwerelosigkeit. Der Wohnbereich besteht aus einem Essbereich, Schlafkabinen, einer Toilette mit Waschtisch und einer Dusche.

Man schläft im Schlafsack, der an der Wand befestigt ist. Zusätzlich muss man sich anschnallen. Die Dusche sieht aus wie ein großer Sack, der an der Decke befestigt ist. Innen sind Griffe, an denen man sich festhalten kann. Wegen der Schwerelosigkeit schweben die Wassertropfen aus dem Duschkopf. Zusammen mit der Seife bilden sie einen klebrigen Schmierfilm auf der Haut, wie Creme. Den kann man nicht abwaschen, sondern nur mit einem Handtuch abrubbeln.

Zum Frühstück gibt es weder Cornflakes noch Brot, sondern Weizenfladen. Zu jeder Speise muss man Wasser hinzugeben. Anschließend wird sie in einer speziellen Mikrowelle erwärmt. Ein Astronaut muss sich vor seiner Reise ins Weltall für sieben verschiedene Gerichte entscheiden. Sie werden dann getrocknet und portionsweise tiefgefroren. Somit muss ein Astronaut jede Woche dasselbe essen. Auch während der drei Mahlzeiten muss man sich anschnallen. Damit die Gerichte nicht davonschweben, werden sie mit Klettbändern am Tisch befestigt. Beim Essen muss man aufpassen, dass man nicht kleckert. Krümel und Spritzer zerstören nämlich die elektronischen Geräte auf einer Raumstation. Deshalb werden Suppen und Getränke mit einem Strohhalm getrunken.

In einem Jahr verbrauchen sechs Astronauten rund 18 Tonnen Vorräte. Manchmal kommt es vor, dass ein Versorgungsshuttle nicht starten kann. Für einen solchen Notfall gibt es eine Lebensmittel-Reserve an Bord. Sie reicht für etwa 45 Tage, wenn die Astronauten statt 3000 Kalorien, nur 2700 kcal zu sich nehmen.

Zur Arbeit eines Astronauten gehört es, die Raumstation zu kontrollieren und zu reparieren. Zusätzlich führt er Experimente durch. Die jeweiligen Aufgaben am Tag bekommt er von der Kontrollstation auf der Erde mitgeteilt.

Neben der Arbeit muss jeden Tag zwei bis drei Stunden Sport getrieben werden. Andernfalls würden sich Muskeln und Knochen zurückbilden, weil sich der Körper in der Schwerelosigkeit kaum anstrengt. Deshalb gibt es auf der Station Fitnessgeräte.

In seiner Freizeit kann ein Astronaut lesen, E-Mails schreiben oder per Videotelefon zur Erde telefonieren. Die Crew kann auch Musik machen oder Spiele spielen.

Aber auch Astronauten müssen mal zur Toilette. Wegen der Schwerelosigkeit gibt es auch hier eine Anschnallpflicht. Die Toilette funktioniert wie ein Staubsauger und ersetzt so die im Weltall fehlende Schwerkraft: Er zieht alles nach unten.

Die Öffnung der Toilette ist nur so groß wie ein Bierdeckel. Deswegen müssen die Astronauten den Toilettengang üben.

Mit Wasser muss der Astronaut sehr sparsam umgehen. So verzichtet er auf das Waschen der Kleidung. Sie wird nach mehrmaligem Tragen mit dem Shuttle zur Erde gebracht.

Einmal die Woche wird mit Tüchern, Desinfektionsmitteln und einem speziellen Staubsauger die Raumstation geputzt. Das dauert fünf Stunden, wenn alle sechs Astronauten mithelfen.

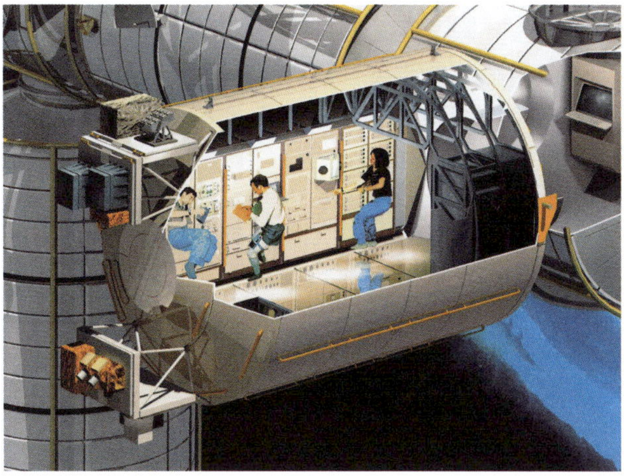

1.

Ein Versorgungsshuttle kann nicht starten. Wegen der Weihnachtstage dauert es, bis es repariert werden kann. Die Crew entschließt sich, ihre Kalorienzufuhr von 2700 kcal um ein weiteres Drittel zu verringern. In wie vielen Tagen muss der Shuttle die Raumstation erreichen, damit die Astronauten nicht hungern müssen? Rechne im Heft.

2.

Ein Astronaut hat sich für Spaghetti mit Tomatensoße entschieden. Wie oft muss er sie in einem Jahr essen? Rechne im Heft.

3.

Wie viele Stunden verbringen die drei Astronauten der ISS in einem Jahr mit Putzen? Rechne im Heft.

4.

Wie viele Stunden muss ein Astronaut pro Jahr mindestens auf einem Laufband laufen oder auf einem Ergometer strampeln? Rechne im Heft.

Die sieben neuen Weltwunder

Felsenstadt Petra

Vor mehr als 2000 Jahren glaubte der griechische Schriftsteller Antipatros von Sidon, dass er die sieben bedeutendsten Bauwerke der Welt gesehen hätte. Er nannte sie „die Sieben Weltwunder“. Doch der Grieche hatte den Mittelmeerraum nie verlassen. So wusste Antipatros von Sidon nicht, dass es noch andere Länder, Kontinente und Bauwerke gab. Seine sieben Weltwunder standen deshalb in Griechenland, Ägypten, Italien, in der Türkei und im Irak. Von diesen sieben Weltwundern der Antike steht heute nur noch eines: die Pyramiden von Gizeh in Ägypten. Alle anderen wurden durch Erdbeben oder Kriege zerstört oder sind mit der Zeit verfallen.

Also könnte man doch sieben neue Weltwunder wählen, dachte sich Herr Weber. Deshalb gründete der Schweizer Millionär die New-7-Wonders-Stiftung. Diese Stiftung soll bedeutende Bauwerke vor ihrem Zerfall retten. Herr Weber startete eine weltweite Internet-Umfrage. Am Anfang standen rund 200 Baudenkmäler zur Auswahl. 21 davon erreichten das Finale. Mit dabei war auch das Schloss Neuschwanstein in Bayern.

Am 7. Juli 2007 stimmten über 70 Millionen Menschen per Telefonanruf, SMS oder Internet über die neuen Weltwunder ab. Das sind sie:

Die Tempelanlage von **Chichen Itza** liegt in Mexiko. Sie wurde vor etwa 1500 Jahren von den Maya gebaut. Die Maya waren eine der größten Kulturen in der Vergangenheit. In Chichen Itza lebten die Priester der Maya. Das Volk ist vermutlich untergegangen, weil die Menschen während einer Dürrezeit verhungert sind.

Die **Christusstatue** steht in Brasilien. Sie ist 38 Meter hoch und ist das Wahrzeichen der Stadt Rio de Janeiro. Die Statue soll die Herzlichkeit und Freundlichkeit der Brasilianer darstellen.

Die **Chinesische Mauer** ist das längste Bauwerk der Welt. Sie ist 6250 Kilometer lang und wurde als Schutzmauer gegen Reitervölker gebaut. An vielen Stellen ist die Mauer zerstört. Es ist sehr schwierig, sie zu reparieren, weil sie durch ein Gebirge verläuft.

Die burgartige Festung **Machu Picchu** steht in Peru. Sie wurde im 15. Jahrhundert von den Inka gebaut. Zu ihr gehören mehrere Wohnhäuser und Tempel. 100 Jahre später litten die Inka an den beiden Krankheiten Masern und Pocken. Sie konnten deshalb von den Spaniern leicht besiegt und getötet werden.

Die verlassene **Felsenstadt Petra** in Jordanien wurde in einen Berg gemeißelt. In diese Stadt gelangt man durch eine Schlucht. Heute dient sie auch als Kulisse für Spielfilme.

Das **Kolosseum** ist das einzige neue Weltwunder in Europa. Hier haben im alten Rom die Gladiatoren gekämpft.

Taj Mahal

Das **Taj Mahal** ist die größte Sehenswürdigkeit in Indien. Ein Sultan hat es 1630 aus weißem Marmor zum Gedenken an seine verstorbene Frau bauen lassen.

Die **Pyramiden von Gizeh** wurden zum „ewigen Weltwunder“ erklärt.

1. Löse das Kreuzworträtsel. Schreibe Zahlen aus. Schreibe ß als ss und schreibe immer in einem Wort ohne Leerkästchen.

1. Der Spielfilm „Indiana Jones" Teil 3 wurde hier gedreht.
2. In welcher Stadt steht das Kolosseum?
3. Wurden die Pyramiden von Gizeh auch zum neuen Weltwunder gewählt?
4. Wie viele Bauwerke schieden im Finale aus?
5. Wie viele Weltwunder der Antike stehen heute nicht mehr?
6. Welches Bauwerk ist das längste auf der Welt?
7. Welches deutsche Schloss schaffte es bis ins Finale?
8. In welchem Land steht das letzte Weltwunder der Antike?
9. Welche Farbe hat das Taj Mahal?
10. Aus welchem Land kommt Herr Weber?
11. Welches Gebiet hatte Antipatros von Sidon nur bereist?
12. Diese Kultur ist untergegangen, weil das Volk verhungerte.
13. Wer wohnte in Chichen Itza?
14. Wie viele Jahre lebten die Inka in Machu Picchu?
15. Was ist das Wahrzeichen von Rio?

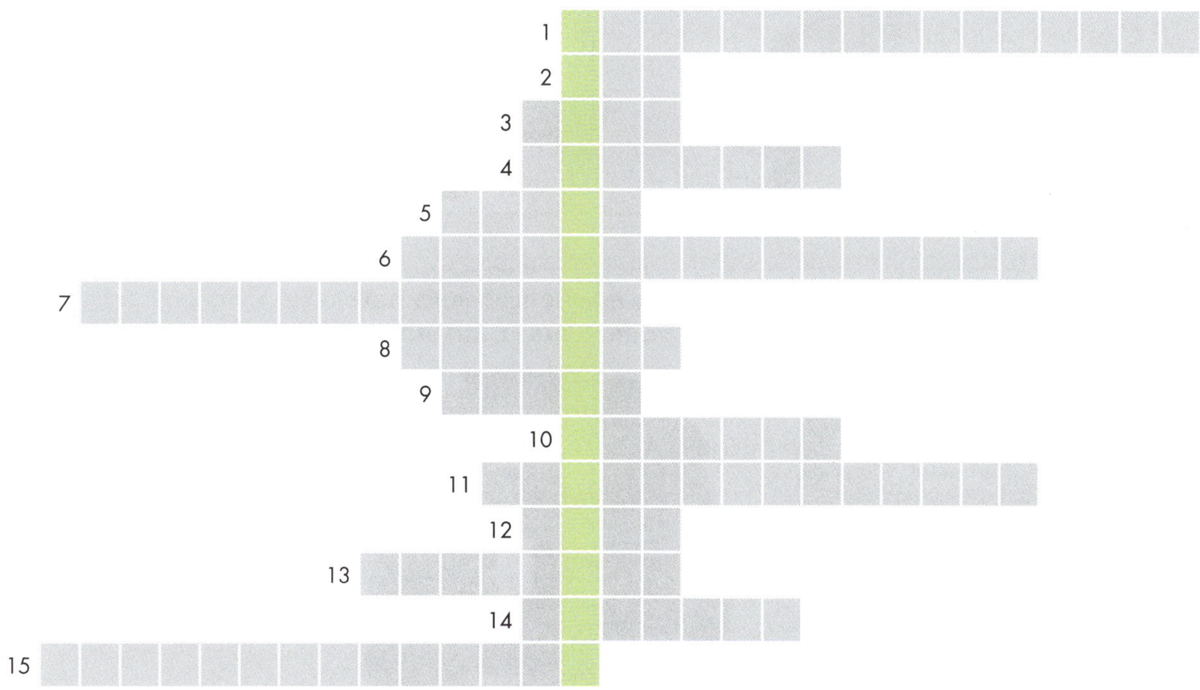

Hier findest du weitere Fotos und Zeichnungen der sieben Weltwunder:

www.helles-köpfchen.de **www.blinde-kuh.de**

Die schöne Tänzerin

Professor Fordney schnippte den Staub von der Bandage*, die um Mrs. Stocktons zierlichen Knöchel gebunden war. In früheren Jahren hatte die Stockton unter dem Namen Maria Marita eine internationale Tanzkarriere erlebt; nun lag sie in ihrem luxuriösen Salon auf dem Kanapee** und stöhnte leise.

Der Professor blickte auf die zierlichen rosafarbenen Hausschuhe neben der Couch und begann, den Verband zu lösen.

„Oh! Bitte nicht", hauchte die Frau, „es tut so weh."

Sie sprach mit einem leichten Akzent, den der Professor sehr charmant fand.

„Wie Sie es wünschen. Sie sagten, dass Dr. Barton im Haus war, als sie sich den Knöchel verstauchten, und dass er sie verbunden hat?"

„Ja, so war es, Professor."

„Hat er Sie hierher auf das Kanapee getragen?", forschte er weiter.

„Aber natürlich, mein Fuß tat ja so weh. Er sagte mir, ich sollte hier liegen bleiben, bis er zurückkehrt. Er ist derzeit unser Gast, wissen Sie. Aber dann bekam er einen dringenden Anruf und musste das Haus verlassen. In einer Stunde müsste er wieder zurück sein."

„Und natürlich haben Sie seine Anweisung befolgt?"

„Selbstverständlich."

Sie ist wirklich eine Schönheit, dachte der Professor.

Eigentlich war Fordney bei Mrs. Stockton, weil sie einen wertvollen Diamantenanhänger als vermisst gemeldet hatte. Dessen Verschwinden hatte Mrs. Stockton nach eigener Angabe kurz nach ihrem kleinen Unfall bemerkt. Der Professor hatte daraufhin das ganze Haus durchsucht, konnte den Anhänger jedoch nicht finden.

„Was hat es mit dem Speicher*** auf sich?", fragte er deshalb.

„Was meinen Sie damit?"

Maria hob fragend ihre wunderschönen Augenbrauen.

„Nichts Besonderes", erwiderte Fordney. „Aber es scheint so, als ob er durchaus nicht so sauber ist wie der Rest des Hauses."

„Das Haus hält unsere Putzfrau in Ordnung. Und was den Speicher angeht, so müssen Sie meinen Mann fragen. Er hat verboten, dass ihn irgendjemand betritt."

„Es tut mir leid, aber ich muss annehmen, dass Sie in den Diebstahl Ihres Schmuckstücks selbst verwickelt sind. Sie haben mich angelogen."

Was veranlasste Fordney zu dieser Behauptung?

Quelle: Hjördis Fremgen (Hrsg.): „Wie denn? Wo denn? Was denn?", Ravensburger Buchverlag 1992

* *Verband*

** *Sofa mit Rücken- und Seitenlehne*

*** *Abstell- oder Lagerraum, ähnlich wie ein Dachboden*

1. **Diese Fragen helfen dir, den Fall zu lösen. Beantworte sie stichwortartig.**

Was wurde Mrs. Stockton gestohlen?

Wann wurde der Gegenstand nach Angabe von Mrs. Stockton entwendet?

Wo war Mrs. Stockton ihren Angaben nach seit ihrem Unfall?

Welche Spuren entdeckte Professor Fordney am Verband von Mrs. Stockton?

Das Haus war sauber. Wo können diese Spuren nur hergekommen sein?

Fordney beschuldigte Mrs. Stockton der Lüge. Er war im Recht. Warum?

Wo müsste sich folglich der wertvolle Diamantenanhänger befinden?

2. **Welche Straftat hat Mrs. Stockton begangen? Kreuze die richtige Lösung an.**

○ Sachbeschädigung ○ Diebstahl ○ Vortäuschen einer Straftat

Wenn Sport krank macht

Kristina ist gut in der Schule, treibt Sport, trifft gern Freunde. Doch das war nicht immer so – Kristina litt an Magersucht. „Ich war eigentlich nie richtig zufrieden mit mir", erzählt Kristina (18). „Die Magersucht fing schleichend an. Irgendwann hab ich fast gar nichts mehr gegessen und habe dazu noch diesen Sport gemacht." Ihr „Sport" sah so aus: „Ich bin jeden Tag 30 Kilometer mit dem Rad zur Schule gefahren. Richtig zwanghaft, bei jedem Wetter. Egal, wie kaputt ich war. Mein Ziel war es nur, weiter abzunehmen. Dann bin ich noch gejoggt, meist so eine Stunde." Ständiger Bewegungsdrang, dazu noch absolute Null-Diät. Sport bis zum Umfallen: Kristinas Magersucht könnte man auch „Sportsucht" nennen. Sucht, weil das Ganze keinerlei Spaß machte. „Ich war total kraftlos, musste mich oft richtig am Fahrrad festklammern. Ich habe sogar extra gefroren, um mehr Kalorien zu verbrennen." Beim Schwimmen wurde ihr dann schwindelig: „Da habe ich echt gedacht, ich sterbe!" Sie schottete sich immer mehr ab, wurde depressiv. „Mein Tag bestand nur noch aus Nichtessen und Sportmachen. Das war echt kein Leben mehr", sagt sie heute. Ihr niedrigstes Gewicht betrug bei einer Größe von 1,64 Meter gerade einmal 33 Kilo! Lebensbedrohlich! Extrem abgemagert, wurde Kristina in eine Klinik eingewiesen. Diagnose: Magersucht. Die Krankheit trifft besonders oft Mädchen zu Beginn der Pubertät. Sie leiden zehnmal häufiger als Jungen darunter. Bei Kristina folgten Zwangsernährung und strengste Bettruhe. Damals jedoch wollte sie sich nie eingestehen, dass sie wirklich magersüchtig ist. „Ich war der Meinung, dass ich gesund bin. Ehrlich! Ich habe mich durch das Hungern sogar stark gefühlt." Erst der Einzug in eine therapeutische WG half ihr weiter. Mit der Hilfe von Therapeuten, Ernährungsberatern und ihrer Familie kämpfte sie lange Jahre gegen die Magersucht an. Und trotz vieler Rückschläge: Die Therapie zeigte irgendwann erste Erfolge … Kämpfen lohnt: Mittlerweile hat Kristina ihre Freude am Leben und am Sport zurück. Sie kann wieder lachen und will anderen Betroffenen mit ihrer Geschichte Mut machen: „Es lohnt sich auf jeden Fall, für das Leben zu kämpfen. Ich weiß jetzt, dass ich nicht lebe, um zu essen, sondern esse, um zu leben!"

Quelle: Bravo Sport Nr. 8, 4. April 2007

1.

Wie hat sich Kristina vor der Therapie gefühlt, wie nach der Therapie? Was hat sie gedacht bzw. denkt sie heute? Ergänze die Tabelle in Stichworten.

	vor der Therapie	**nach der Therapie**
Gefühle		
Gedanken		

2.

Wie konnte Kristina geholfen werden? Sprich mit einem Partner darüber.

Professionelle Hilfe kann man bei der BZgA bekommen.
BZgA – Bundeszentrale für gesundheitliche Aufklärung
Ostmerheimer Str. 220
51109 Köln
Tel. 0221 / 89920
E-Mail: poststelle@bzga.de
www.bzga.de

David will ganz nach oben

Ganz schön gewagt, was dieser Junge da auf Mallorca treibt: Hoch über dem Meer klettert David Lama eine Steilklippe empor. Er klammert sich an eine winzige Felsnase im Kalkstein, stemmt die Füße in ein Loch und steigt furchtlos Richtung Himmel. Doch plötzlich rutscht er auf dem nassen Untergrund ab. Seine Beine baumeln frei in der Luft – sein ganzes Gewicht hängt an den Fingerspitzen. Gleich wird er ins Meer stürzen! Aber der 16-jährige Österreicher zieht sich mit einem kräftigen Klimmzug hoch, findet neuen Halt und klettert unbeirrt weiter. David hat die vergangene Saison als zweitbester Kletterer der Welt abgeschlossen und ist Europameister. Sein Nachname passt also prima zu ihm. „Lama" bedeutet nämlich „Meister". Das Wort stammt aus Nepal, der Heimat seines Vaters. Seine Fans nennen ihn aber lieber „Fuzzy". Das heißt in Österreich so viel wie „Kleiner". Den Spitznamen bekam David, als er mit fünf Jahren zum ersten Mal beim Klettertraining auftauchte. Damals war er von allen der Kleinste. Der Betreuer bemerkte sofort, dass dieser Fuzzy ein riesiges Talent war. Heute reist David für Wettkämpfe in der ganzen Welt herum: Spanien, Italien, Frankreich, China ... Und egal, vor welcher Wand er dort steht, die Herausforderung ist immer die gleiche: David und seine Konkurrenten müssen eine feste Route fehlerfrei klettern – das heißt, ein Seil in jeden Karabiner* an der Wand einklinken, nicht abstürzen und im Zeitlimit bleiben. Wer am höchsten oder schnellsten klettert, gewinnt. Das verlangt nicht nur Balance, Augenmaß und eisernen Willen – sondern auch enorme Kraft. Dabei ist David kein Muskelprotz; der 16-Jährige wirkt eher klein und sehnig. David trainiert fast jeden Tag. Der Stundenplan an seiner Schule** lässt ihm dafür viel Zeit. Manchmal beginnt der Unterricht so spät, dass David schon am Morgen in der Kletterhalle trainieren kann. Nur ganz selten stemmt er Gewichte. Denn: „Zu viele Muskeln sind auch nicht gut, dann werde ich zu schwer", erklärt er. Und wer zu schwer ist, kann nicht mehr leichtfüßig klettern. Was aber ist so toll daran, sich einen rauen Felsen hochzuquälen? „Es geht um die Herausforderung, eine Route hinaufzukommen", sagt David. „Darum, wie man sich bewegt. Und dass man mit Freunden zusammen ist!" Auch um den Nervenkitzel? David schüttelt den Kopf. Er ist ständig durch ein Seil gesichert, das von einem Partner gehalten wird.

Quelle: Ina Rometsch. Geolino extra Nr. 10 2007

* *Der Karabiner ist ein Haken mit einem federnden Verschluss.*

** *David besucht eine Schule in Österreich für Leistungssportler. Dort wird auf die Trainingszeiten der Schülerinnen und Schüler Rücksicht genommen.*

1. Welche der Eigenschaften treffen auf David zu? Kreise sie ein.

groß muskulös ängstlich sehnig ehrgeizig

willensstark Muskelprotz schwer mutig

nervenstark beweglich leicht gutes Gleichgewicht

dick kräftig geschickt langsam verträumt

gutes Augenmaß konzentriert leichtsinnig

2. Beschreibe David Lama.
**Wo lebt er? Wie sieht er aus? Was macht er?
Was mag er? Benutze treffende Adjektive.**

Reisebericht: Venezuela

Nach zwölf Stunden im Flugzeug erreichen wir Caracas, die Hauptstadt von Venezuela. Venezuela ist ein Land in Südamerika, das fast dreimal so groß ist wie Deutschland. Es ist ein sehr reiches Land, weil es große Mengen an Erdöl und Bodenschätzen besitzt. Dennoch gibt es dort sehr viele arme Menschen. Deshalb müssen auch Kinder und Jugendliche früh arbeiten. Sie packen für ein paar Bolivares* im Supermarkt die Waren in Tüten und tragen sie zum Auto, oder sie warten an Tankstellen und putzen die Autoscheiben. Nun fliegen wir auf die größte Urlaubsinsel Venezuelas: Isla Magarita. Das Leben findet auf der Straße statt. An jeder Ecke und jeder Bushaltestelle wird gekocht oder gegrillt: Kochbananen und Arepas**. Denn auf den richtigen Bus muss man oft lange warten. Busfahrpläne gibt es hier nicht. Die Fahrziele sind mit weißer Schuhcreme auf die Scheiben der Busse geschrieben. Kommt der richtige Bus, winkt man. Innen sind die Busse bunt geschmückt, und es läuft laute Musik – wie in einer Disko. Wir fahren über die Insel: vorbei an riesigen Kakteen und Palmen. In einem kleinen Hafen wird frisch gefangener Fisch angeboten. Am nächsten Tag geht es zurück zum Festland. Mit einem kleinen Fischerboot fahren wir an der Küste Venezuelas entlang. An den zauberhaften Stränden werden viele Werbespots gedreht. In den Felshängen und an den Klippen haben Pelikane ihre Nester. Viele Pelikane kreisen über dem Meer, wie bei uns die Möwen. Wenn sie einen Fisch entdecken, stürzen sie kopfüber wie ein Pfeil ins Wasser. Am Abend entspannen wir in einer Hängematte bei Meeresrauschen. Am Tag darauf sind wir fast zehn Stunden mit dem Auto unterwegs: Wir kommen an vielen Häusern armer Menschen vorbei. Sie benutzen als Hauswände alles, was sie finden: Bleche, Pappe, Bananenblätter. Dennoch wirken diese Menschen viel zufriedener und freundlicher als in Caracas. Bei einer Goldmine legen wir einen Zwischenstopp ein. Hier arbeitet eine ganze Familie. Sie zeigt uns, wie das Gold aus dem Stein gewaschen wird. Weiter geht's mit einem Geländewagen, denn die Straßen werden schlechter. Am Abend erreichen wir endlich die Gran Sabana***. Hier dürfen nur die Ureinwohner Venezuelas wohnen: der Stamm der Pemón. Sie leben in runden Lehmhäusern mit Strohdächern oder in Steinhäusern. Manche rudern noch mit einem Einbaum**** auf den Flüssen und gehen für mehrere Tage zur Jagd. Die meisten Pemón leben heute vom Tourismus. Denn sie sind äußerst freundlich, und ihr Gebiet ist einzigartig. Sie zeigen uns Wasserfälle und führen uns durch Regenwälder. Für einen kurzen Augenblick ist der Himmel so klar, dass wir einen von 115 Tafelbergen sehen können. Die Pemón nennen sie „Tepuis": Häuser der Götter.

* *Währung von Venezuela*

** *Das sind kleine Fladenbrote aus Mais. Manchmal gibt es sie gefüllt mit Schinken, Käse oder Gemüse.*

*** *Die große Savanne ist ein Nationalpark.*

**** *Ein Einbaum ist ein Boot aus einem ausgehöhlten Baumstamm.*

1.

Ordne die Fotos der Reiseroute zu, indem du sie nummerierst.

Traumjob: Stuntman – Stuntwoman

Seit 20 Jahren arbeitet Dori Horvath als Stuntwoman. Sie fliegt mit dem Motorrad durch die Luft, spielt Treppenstürze nach und steht für Filme wie „Die wilden Kerle", „Hallo Robbie" und „Tatort" vor der Kamera.

Was war Ihr tollster Job?
Ich habe eine Frau gespielt, die einen Motorradunfall hat. Ich bin auf dem Motorrad hinter einem Sportwagen hergefahren, der sich dann plötzlich um 90 Grad dreht. In meiner Rolle kann ich nicht bremsen, fliege durch die Luft, über den Sportwagen und hinein in eine Scheibe einer Bushaltestelle. Toll!

Ist Ihnen dabei mal etwas passiert?
Ich hatte noch keinen Bruch, nur kleine Wunden, Hautabschürfungen und blaue Flecken. Um gefährliche Verletzungen zu vermeiden, muss ich jeden Sturz bis ins Detail planen und mich stark konzentrieren. Das ist der Vorteil gegenüber dem wahren Leben: Ich weiß, gleich passiert etwas! Dann kann ich den Sturz richtig abfedern.

Ist Ihr Beruf nicht vor allem ein Männerjob?
Nein. Als Stuntwoman muss ich ja nicht nur aus dem Fenster springen. Ich bereite die Szenen vor, baue das Set mit allem Zubehör auf, das ich brauche, um mich nicht zu verletzen. Ich präpariere die Autos, baue Rampen und plane die Stunts. Aber es gibt wenige Stuntwomen, die hauptberuflich damit Geld verdienen. Mir fallen sechs oder sieben Frauen ein, obwohl wir fast alles genauso gut können. Nur Szenen mit Autos darf ich nicht so oft wie meine männlichen Kollegen drehen. Ich habe noch nie einen Autoüberschlag gemacht. Die Männer sind da immer ganz scharf drauf ...

Wie wird man Stuntman?
Zuerst mal müssen Nachwuchs-Stuntmen oder Stuntwomen mindestens 18 Jahre alt und körperlich fit sein. Ein bisschen Talent zum Schauspielen gehört natürlich auch dazu, wenn man Filmszenen dreht. Wer diese Voraussetzungen erfüllt, kann sich auf einer Stunt-Schule ausbilden lassen. Dort lernen die Schüler in zwei bis drei Jahren alles, was man über den Dreh eines Films oder einer Serie wissen muss. Außerdem bekommen sie jede Menge praktisches Training wie Akrobatik, Klettern, Abseilen. Die Schüler lernen, wie man Treppenstürze ohne Rippenbrüche übersteht und wie man mit einem Katapult einen Luftsprung bei einer Explosion nachstellt. Viele Stuntmen sind auch einfach durch ein anderes Praktikum zum Film gekommen – etwa als Kabelträger oder Regieassistent.

Quelle: Tine Fassomytakis. Willi wills wissen, das Kindermagazin von P.M. Februar 2007

1.

Welche Aufgaben gehören zum Beruf der Stuntwoman?

2.

Wie schützen sich Stuntwomen und Stuntmen vor Verletzungen?

3.

Welche Voraussetzungen muss eine Person mitbringen, wenn sie Stuntwoman oder Stuntman werden möchte?

4.

Käme dieser Beruf für dich in Frage?
Sprich mit einem Partner darüber und begründe deine Meinung.

Hier ist es nicht geheuer!

Ein altes Schloss, eine modrige Gruft, eine tiefe Schlucht: Es gibt viele Orte, an denen man sich leicht gruselt – erst recht, wenn sich um diese Plätze auch noch dunkle Legenden ranken. Dabei sind die meisten Geschichten natürlich pure Erfindung. Aber Vorsicht: Schaurig sind sie trotzdem!

Wanderer lieben die Grafschaft Yorkshire*. Vor allem in der Schlucht am Troller's Gill kann man vortrefflich herumkraxeln. Tagsüber jedenfalls. Sobald aber die Dämmerung einsetzt, ist es vielen nicht mehr geheuer. Denn in der Gegend erzählt man sich, dass in den Felsspalten und Schächten Kobolde und böse Geister wohnen! Besonders gefürchtet ist der Grottenhund: Er soll Zähne haben, lang wie Fleischermesser, und Augen, groß wie Orangen. Er haust in einer Höhle tief in der Schlucht. Schon vor 125 Jahren hielt angeblich ein mutiger Mann diese Geschichte für Humbug und beschloss, am Troller's Gill zu übernachten. Ein wenig abergläubisch war er allerdings doch. Also nahm er einen Stock und zog damit einen Kreis um sein Nachtlager herum. Das sollte böse Geister fernhalten. Als es dunkel wurde, rief er nach dem Grottenhund. Plötzlich kam ein heulender Wind auf. Feuerschwaden schlugen aus den Felsspalten. Und eine Bestie sprang aus der Tiefe. Am nächsten Morgen fand ein Schäfer den mutigen Mann tot in seinem Kreis. So jedenfalls erzählen es sich die Leute am Troller's Gill.

Manche Legenden beruhen auf schlimmen Familienfehden – so wie jene vom fingerlosen Dudelsackspieler von Duntrune in Schottland. Zwei Familien waren dort vor 400 Jahren bis aufs Messer verfeindet: Der Clan der MacDonalds wollte das Schloss der Campbells in Duntrune erobern. Zuerst schickten sie einen Dudelsackspieler vor, der das Schloss auskundschaften sollte. Keine schlechte Idee, denn Musikanten zogen damals häufig von Ort zu Ort. Doch der Spion wurde erkannt und in einen Schlossturm gesperrt. Als die MacDonalds nichts mehr von ihm hörten, beschlossen sie, die Campbells anzugreifen. Doch die rechneten ja inzwischen mit der Attacke – und warteten schwer bewaffnet auf die Feinde. Als der eingesperrte Dudelsackspieler die Schiffe seiner Leute ankommen sah, soll er zur Warnung kräftig in sein Instrument geblasen haben. Die MacDonalds kehrten tatsächlich um. Zur Strafe hackten die Campbells ihrem Gefangenen die Finger ab. 1870 wurde Schloss Duntrune renoviert. Dabei kam unter den Küchenfliesen angeblich ein Skelett zum Vorschein – ohne Fingerknochen. Den Dudelsack des Musikanten soll man in den Gemäuern aber noch immer hören können.

Quelle: Dagny Lüdemann. Geolino extra Nr. 9, 2007

* *Die Grafschaft Yorkshire liegt in England.*

1. **Stell dir vor, du bist alleine unterwegs. An welchem der beiden Orte würdest du dich am ehesten gruseln? Begründe.**

2. **Kreuze an.**

Aussage	**richtig**	**falsch**
Der Grottenhund lebt in einer Schlucht in England.		
Der Dudelsackspieler war ein Spion der Familie Campbell.		
In einem Kreis soll man vor bösen Geistern sicher sein.		
In Schottland hausen Kobolde in Felsspalten.		
Die MacDonalds eroberten das Schloss Duntrune.		
Die Krallen des Grottenhundes sind scharf wie Messer.		
Die MacDonalds sperrten den Dudelsackspieler im Schlossturm ein und hackten ihm später die Finger ab.		
Vor 125 Jahren übernachtete ein mutiger Schäfer in der Schlucht am Troller's Gill und starb dabei.		
Das Schloss Duntrune steht in Schottland.		
Am Troller's Gill kann man gut wandern.		

3. **Wie stellst du dir den Grottenhund von Troller's Gill vor? Zeichne ihn.**

Tornados – gigantische Wirbelstürme

Sechs Uhr abends im Süden der USA: Die Wettervorhersagen verkünden nichts Gutes. Sie warnen vor einem Tornado, der auf die Stadt Oklahoma City zurast. Tornados sind enorm starke Wirbelwinde, die sich mit mehr als 500 Kilometern pro Stunde um die eigene Achse drehen können. Wie gigantische Staubsauger saugen sie dabei alles nach oben. Sie wandern mit Geschwindigkeiten von bis zu 60 km / h*. Bislang weiß niemand ganz genau, wie sie entstehen. Sicher ist nur, dass ganz bestimmte Wetterbedingungen stimmen müssen: warme und feuchte Luft in der Nähe des Bodens, kühlere und trockenere Luft in der Höhe sowie **wirbelnde Winde**. Dann legt sich die **trockene Kaltluft** um die Warmluft. Die **feuchte warme Luft** steigt auf und lässt die wirbelnden Winde stärker werden. Die Feuchtigkeit, die die warme Luft mit sich führt, wird zu kleinen Wassertropfen. Es bildet sich eine gigantische Gewitterwolke. Nun drehen sich die Winde zwischen Boden und **Gewitterwolke** um eine Achse. Es entsteht ein **wirbelnder Wolkenschlauch**.

Die Bewohner von Oklahoma City werden durch Radio und Fernsehen gewarnt: Sie sollen sich in Kellern und Schutzräumen in Sicherheit bringen.

Ihnen bleiben etwa 13 Minuten, um das Nötigste zusammenzupacken.

Der Tornado rast auf die Stadt zu. Er sieht aus wie ein riesiger Rüssel, der von den Gewitterwolken bis auf die Erde reicht. Der Wirbelsturm nähert sich einigen Bäumen und reißt sie samt Wurzeln in die Luft. Nichts kann ihn aufhalten.

Zwei Lastwagen folgen dem Tornado. In ihnen sitzen Tornadojäger. Sie sind keine lebensmüden Draufgänger, sondern Wissenschaftler, die Wirbelstürme erforschen.

Die beiden Lastwagen sind mobile Wetterstationen. Sie sind mit modernster Technik ausgestattet. Dazu gehört auch ein Dopplerradar. Das ist ein Gerät, das Tornados mit Antennen aufspürt und deren Geschwindigkeit messen kann, selbst wenn die Tornados über 100 Kilometer weit entfernt sind. Mit den gesammelten Daten versuchen Meteorologen** herauszufinden, wann und wo die Wirbelstürme entstehen. So könnten sie die Bevölkerung in Zukunft früher warnen und noch mehr Leben retten.

Tornados werden daran gemessen, wie groß ihre Zerstörungskraft ist. Dabei gibt es fünf Stufen. Ein F1-Tornado verursacht leichte Schäden an Bäumen und Gebäuden. Ein F5-Tornado vernichtet fast alle Gebäude und wirbelt tonnenschwere Flugzeuge und Schiffe in die Luft. Die höchste Drehgeschwindigkeit, die je auf der Erde gemessen wurde, betrug 511 Kilometer pro Stunde.

Im Jahr 2006 wurden in Deutschland erstmals mehr als 100 Tornados gezählt. Der kräftigste hatte die Stärke F3. Mit über 250 km / h deckte er in Thüringen ganze Häuser ab und warf Autos und Züge um. Würde Deutschland zu den USA gehören, käme es unter den amerikanischen Bundesstaaten auf den 10. Platz. Denn auch in Amerika erreichen nur sehr wenige Tornados die Katastrophenstufen F4 und F5.

Quelle: Wilde Feger. National geographic world, Mai 2007

* *km / h ist die Abkürzung für „Kilometer pro Stunde".*

** *Meteorologen erforschen das Wetter und das Klima.*

1. **Beschrifte die Abbildung.**

2. **Ergänze die Tabelle.**

Stärke	Dreh-Geschwindigkeit	Schäden	Häufigkeit
F 1	über 110 km / h		40 %
F 2	über 180 km / h		24 %
F 3			6 %
F 4	über 330 km / h	akute Lebensgefahr für Mensch und Tier; Lkws werden durch die Luft geworfen; ganze Ortschaften zerstört	2 %
F 5	bis		unter 1 %

3. **Ein Tornado rast mit Höchstgeschwindigkeit auf deine Stadt zu. Er ist noch 6 km von deinem Haus entfernt. Wie viel Zeit bleibt dir, um dich in Sicherheit zu bringen? Was würdest du mitnehmen? Arbeite im Heft.**

Eragon und das Vermächtnis der Drachenreiter

Eragon lebt bei seinem Onkel und seinem Cousin. Sie haben wenig Geld, und der Hof des Onkels reicht gerade zum Leben. Er steht am Rande eines kleinen Dorfes im Königreich Alagaësia. Der König heißt Galbatorix. Er ist ein grausamer Herrscher, der sein Volk unterdrückt und den Menschen nur das Nötigste zum Leben lässt. Vor langer Zeit war Galbatorix einmal ein Drachenreiter. Doch er wollte alleine herrschen. Galbatorix ist mit den Drachenreitern im Streit auseinandergegangen und hat sogar die meisten von ihnen getötet. Deshalb ist Galbatorix nicht gut auf Drachenreiter zu sprechen. Eines Tages geht Eragon wieder einmal allein auf die Jagd in die Berge. Dort findet er einen seltsamen glänzenden blauen Stein. Vielleicht kann er den Stein für viel Geld verkaufen? Dann könnten sie Vorräte für den Winter anschaffen. Er zeigt den Stein dem Fleischer und auch verschiedenen Händlern. Niemand hat jemals so einen seltsam polierten Stein gesehen. Der Stein ist ihnen unheimlich. Deshalb ist keiner bereit, für ihn Geld auszugeben. Eragon geht enttäuscht nach Hause. Er ahnt nicht, dass dieser Fund sein Leben verändern wird. Eines Nachts wacht Eragon auf. Hat er nicht gerade etwas gehört? Eragon lauscht. Der Stein macht merkwürdige Geräusche. Er quiekt. Und jetzt beginnt er auch noch, sich zu bewegen. Feine Risse entstehen auf seiner Oberfläche. Es kracht, und plötzlich schlüpft ein blaues Drachenbaby aus dem Stein. Mit Drachen kennt sich Eragon nicht gut aus. Deshalb läuft er am nächsten Morgen in aller Frühe zu Brom, dem alten Geschichtenerzähler. Brom erzählt Eragon viel über Drachen. Eragon erfährt, dass er selbst über Nacht zu einem neuen Drachenreiter geworden ist. Seinem Drachen gibt er den Namen Saphira. Als Galbatorix von der Geburt des Drachen erfährt, wird er zornig. Er will der mächtigste Mann und König von Alagaësia bleiben. Deshalb befiehlt er seinen düsteren Kriegern, den Drachen sowie seinen Reiter zu fangen und zu ihm zu bringen. Diese machen sich auf den Weg zum Dorf von Eragon. Dort angekommen, töten sie Eragons Onkel und brennen den Hof nieder. Eragon muss gemeinsam mit dem Drachen und Brom fliehen, um das Dorf vor weiteren Angriffen zu schützen. Auf ihrer Flucht vor den düsteren Kriegern unterrichtet Brom Eragon im Schwertkampf. Eragon bekommt von ihm ein altes Schwert mit einer blutroten Klinge. Es gehörte früher einmal dem mächtigsten Drachenreiter. Doch dieser hatte den Orden der Drachenreiter verraten und wurde ein Komplize von Galbatorix. Das Schwert verleiht seinem Besitzer magische Kräfte. Als Eragon, Brom und Saphira schon die Mauern der nächsten Stadt sehen, stürzen die düsteren Krieger aus ihrem Versteck und nehmen die drei gefangen.

1. **Unterteile den Text mit einem Lineal und Bleistift in drei Abschnitte.**

2. **Unterstreiche die Schlüsselwörter grün.**

3. **Überlege dir für jeden Abschnitt eine passende Überschrift.**

1. Abschnitt: ______________________________

2. Abschnitt: ______________________________

3. Abschnitt: ______________________________

4. **Schreibe dein Ende der Geschichte in dein Heft.**

5. **Der Text soll Jugendliche auf das Buch „Eragon – das Vermächtnis der Drachenreiter" neugierig machen. Würdest du das Buch lesen?
Sprich mit einem Partner darüber und begründe deine Meinung.**

Dafür geben Jugendliche ihr Geld aus

Einkommensstruktur der 10- bis 17-Jährigen

Verteilung der Einnahmearten | **Jahressumme der Einnahmearten**

Summe: 100% | **Jahressumme: 893 EUR**

synovate
Research reinvented

Ausgaben

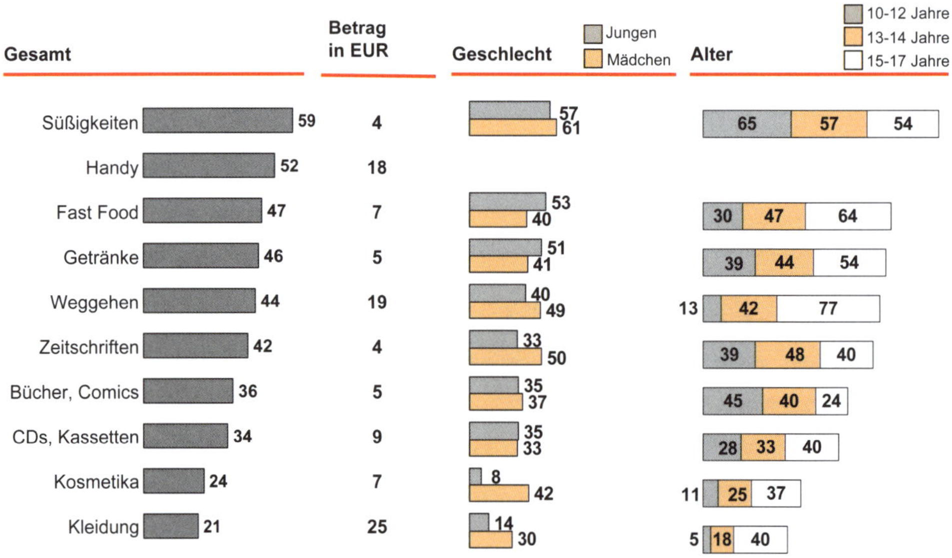

synovate
Research reinvented

1. **Richtig oder falsch? Kreuze an.**
Prüfe einige Aussagen mit dem Taschenrechner.

Aussage	**richtig**	**falsch**
Ein Jugendlicher hat im Durchschnitt ein Einkommen von 893 € pro Jahr.		
Die größte Einnahmequelle für Jugendliche stellt das Taschengeld dar.		
Ein 15-Jähriger bekommt durchschnittlich 304 € Taschengeld im Monat.		
Jugendliche erhalten zu Weihnachten mehr Geld als zum Geburtstag.		
14 % der Jugendlichen haben einen Nebenjob.		
Zwischendurch erhält ein Jugendlicher 11,75 € im Monat.		
Die Hälfte der Einnahmen eines Jugendlichen ergibt sich aus Taschengeld, Geburtstagsgeld und Weihnachtsgeld.		
Für ein gutes Zeugnis erhält ein Jugendlicher rund 20 € im Jahr.		
Die meisten 16-Jährigen geben ihr Geld für Weggehen aus.		
Das meiste Geld geben Jugendliche beim Weggehen aus.		
Die meisten 10- bis 14-Jährigen geben ihr Geld für Süßigkeiten aus.		
Mädchen geben mehr als doppelt so viel Geld für Kleidung aus wie Jungen.		
Für Getränke und Fast Food geben Jugendliche im Monat durchschnittlich 12 € aus.		
Jungen geben für Nahrungsmittel mehr Geld aus als Mädchen.		
Kosmetikartikel werden nur von Mädchen gekauft.		
25 € im Monat geben Jugendliche im Durchschnitt für Kleidung aus.		
Mädchen geben für Kosmetika mehr Geld im Monat aus als für Kleidung.		
Knapp ein Viertel der 16-Jährigen kauft sich Bücher oder Comics.		
Mehr als die Hälfte der Jugendlichen geben ihr Geld für das Handy aus.		

Beste Freundinnen – dicke Kumpel

Freunde zählen zu den wichtigsten Menschen auf der Welt. Denn sie stehen einem bei, wenn sonst niemand da ist. Mit einem Freund kann man sich schlapplachen. Er merkt aber auch schon vor der ersten Träne, dass einem zum Heulen zumute ist. Und reicht einem ein Taschentuch. „Freunde sind wichtig", sagt Professor Krappmann aus Berlin. „Menschen, die sich regelmäßig mit Freunden treffen, leben länger und sind gesünder. Sie haben mehr Selbstvertrauen. Denn Freunde geben Halt und Anerkennung. Und sie geben einem das Gefühl, gemocht zu werden, genau so, wie man ist." Richtig wichtig werden Freunde in der Pubertät, der wohl schwierigsten Lebensphase. Denn wenn sich Mädchen und Jungen von der Familie lösen, brauchen sie solche engen Vertrauten anstelle von Eltern und Verwandten. Mit Freunden lässt sich über alles reden: Musik, Klamotten, Sport, Liebeskummer. Freunde können dabei ehrlich sein, loben, aber auch kritisieren, ohne zu beleidigen. Sagt einem die Mutter, dass sie die Zickereien hasst, klingt das oft von oben herab. Freunden dagegen ist man dankbar für den Hinweis. Sie wissen, wovon sie reden. Ihnen muss man nicht gehorchen wie den Eltern. Das bedeutet aber natürlich nicht, dass Freunde immer recht haben. Freundschaft bedeutet auch, den anderen Menschen mit seinen Macken und Meinungen zu akzeptieren. So hasst der eine die Unpünktlichkeit seines Kumpels. Eine andere findet ihre Freundin immer viel zu direkt. Zwischen Freunden kann auch mal Neid entstehen, z. B. wenn der andere viel beliebter ist als man selbst. Doch wer solche Gefühle aushalten kann, der kann Freundschaften lange halten und neue gewinnen. Denn gute Freunde sollten auch bereit sein, zu geben und zu gönnen. Manchmal fliegen die Fetzen, die Türen knallen und Tränen kullern. Das ist nichts Schlimmes. Es zeigt einem, dass die Beziehung zu diesem Menschen sehr wichtig ist und dass man um sie kämpfen möchte. Nur eine Sache verträgt keine Freundschaft: Verpetzen von Geheimnissen. Ist das Vertrauen einmal zerstört, lässt es sich nie wieder aufbauen. Aber wie findet man solche Freunde? Muss man dafür gut aussehen? Braucht man coole Klamotten und viel Geld? „Solche Äußerlichkeiten zählen viel weniger als gedacht", sagt der Berliner Professor. Seine Umfrage ergab: Beliebt ist vielmehr, wer fair und freundlich ist. Und wer viele gute Ideen hat. Denn gemeinsame Aktionen schweißen zusammen. Wer also Freunde sucht, sollte sich über seine Stärken Gedanken machen. Wo kann ich meine Ideen und Talente* einbringen? Oft fällt das in einem Sportverein oder in der Theater-AG leichter, weil sich dort Jugendliche mit ähnlichen Interessen treffen und die Gruppen kleiner sind. So kann man schneller auf sich aufmerksam machen und mit anderen ins Gespräch kommen.

Quelle: Geolino Nr. 6, Juni 2007

* *eine besondere Fähigkeit wie z. B. eine sportlich oder künstlerische Begabung*

1.

**Warum sind Freundschaften wichtig?
Unterstreiche die zutreffenden Stellen im Text rot.**

2.

**Woran erkennst du einen guten Freund?
Unterstreiche die Schlüsselwörter im Text blau.**

3.

**Wie sieht eine schlechte Freundschaft aus?
Beschreibe sie in deinem Heft.**

4.

**Lies diesen Brief. Was würdest du Sarah raten?
Beantworte ihren Brief in deinem Heft.**

Liebe/r ______________!
Wie geht's? Unsere neue Wohnung ist echt super.
Ich hab voll das coole Zimmer und schicke neue Möbel.
Die Schule ist wie die alte, aber die Leute sind hier voll anders drauf.
Neue Freunde habe ich leider noch nicht gefunden.
Das ist total schwierig!
Du und die anderen – ihr fehlt mir, echt.
In den nächsten Ferien komme ich euch besuchen.
Ciao Sarah

Ausgefallene Sportarten

In Frankreich und Osteuropa ist Le Parcour ganz neu im Trend. Diese Trendsportart wurde von einem Franzosen erfunden. Der Sportler wird „Traceur"* genannt. Er läuft nicht auf Straßen, Bürgersteigen oder Wegen. Er sucht sich selber Wege aus und versucht, Hindernisse möglichst schnell und flüssig zu überwinden. Dabei klettert er auch mal an Laternenpfählen oder an Hauswänden hoch.
Dem Traceur geht es nicht darum, mutig von Dach zu Dach zu springen. Auch will er kein Stuntman sein. Vielmehr möchte er sich körperlich und geistig fit halten. Zudem passt er stets darauf auf, dass er sich und andere nicht verletzt und dass er seiner Umwelt nicht schadet.

Beim House-Running oder auch Sky-Running laufen die Sportler an Hauswänden hinunter. Dabei sind sie mit einem Spezialgurt gesichert.
Wenn sie in der Natur steile Felswände hinunterlaufen, nennt man es Rock-Running.

Apnoe-Taucher tauchen nur mit einem Atemzug. Man unterscheidet zwischen drei Disziplinen: dem Streckentauchen, dem Zeittauchen und dem Tieftauchen.
Die ersten beiden Disziplinen werden im Pool ausgeübt.
Die Rekorde liegen bei rund 200 m und einer Zeit von 7:30 min.
Das Tieftauchen findet im offenen Meer statt. An einem Seil tauchen die Apnoe-Taucher im Neoprenanzug und mit Spezialflossen. Von Bleigewichten an den Handgelenken oder auch von einem Gewichtsschlitten werden sie schnell in die Tiefe gezogen.
Wenn sie keine Luft mehr haben, drehen sie ein Ventil einer Sauerstoffflasche auf.
Der Sauerstoff strömt dann in einen Hebeballon, der die Taucher wieder an die Oberfläche zieht. Der Rekord im Tieftauchen liegt bei rund 180 m. Apnoe-Tauchen erfordert jahrelanges Training und Körperbeherrschung. Eine Nasenklammer erleichtert den Druckausgleich. Ohne Training können Lunge und Trommelfell reißen. Auch kann Ohnmacht einsetzen und Ertrinken drohen. Weil immer wieder Taucher bei ihren Tauchgängen sterben, wird aus Sicherheitsgründen nur unter Aufsicht und mit Kamera-Aufzeichnung getaucht.

Capoeira ist ein brasilianischer Kampftanz. Die Kämpfe finden in der sogenannten Roda statt. Die Roda ist ein Kreis aus Capoeiristas und Musikern. Immer zwei Capoeiristas kämpfen gegeneinander.
Weil sie sich gegenseitig mit ihren Drehtritten und Sprüngen nicht verletzen, wird statt „Kampf" auch „Spiel" dazu gesagt. Neben verschiedenen Kampftechniken führen die beiden „Spieler" auch akrobatische Übungen aus wie Handstand, Rad oder Salto.
Folglich muss man bei dieser Sportart sehr beweglich sein.
Die Musiker spielen Rhythmen auf Trommeln und mit Tamburinen.

* *Das ist französisch und bedeutet „der den Weg ebnet".*

1. Beschrifte das Bild.

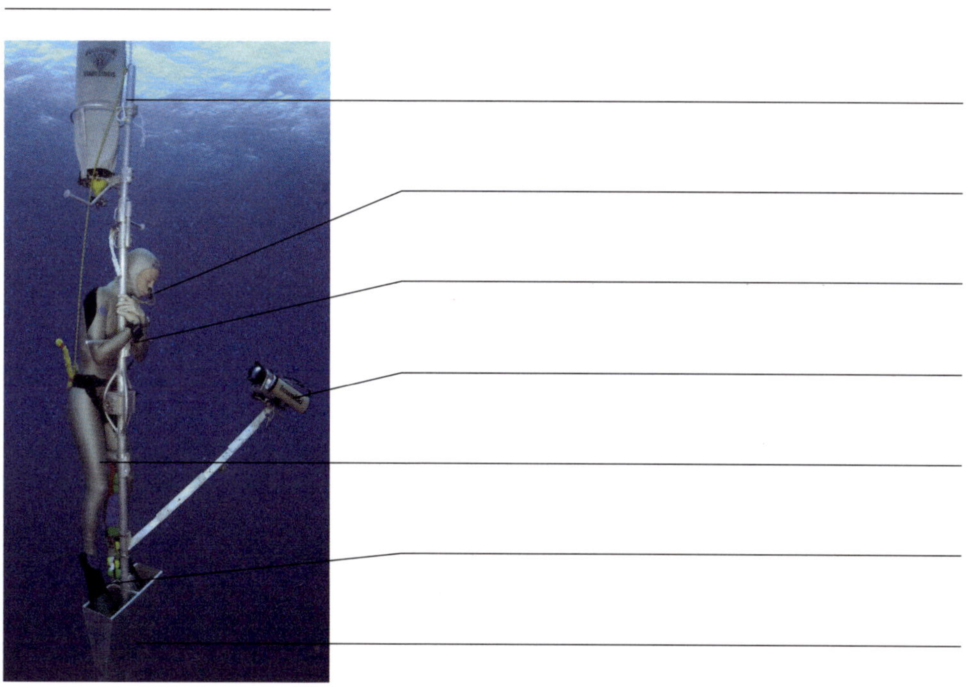

2. Richtig oder falsch? Kreuze an.

Aussage	richtig	falsch
Capoeiristas sind gelenkig.		
Sky Runner springen von Dächern.		
Das Training der Streckentaucher findet im Schwimmbad statt.		
Le Parcour ist in Polen und Russland besonders angesagt.		
Für Capoeira braucht man Spieler und Musiker.		
Der Apnoe-Taucher holt einen Ballon aus der Tiefe hoch.		
Der Traceur hat einen speziellen Sicherheitsgurt.		
Capoeira ist gefährlich.		

Geheimnisvolle Flugobjekte

Damals war ich 17 Jahre alt und wohnte bei meinen Eltern. Gerade wollte ich ausgehen, als meine Eltern ganz aufgeregt nach mir riefen. Ich lief zu ihnen in den Garten. Meine Eltern blickten zum Himmel. Und da sah ich es auch: ein großer, rot leuchtender Fleck. Und er schien auf uns zuzukommen. Oh Schreck, stürzte da womöglich ein Flugzeug ab? Plötzlich blieb der Fleck am Himmel stehen. Dann schwebte er langsam weiter, völlig geräuschlos. Der Fleck ähnelte einem Hut: Außen an seiner Krempe war er orange. In der Mitte waren zwei gelbe Flecken, die mal stärker, mal schwächer leuchteten wie die Blinker eines Autos. Jetzt machte das Flugobjekt eine Kurve und beschleunigte. Wie ein Düsenjet sauste es davon. Was konnte das gewesen sein? Ich weiß es bis heute nicht, aber ich vermute, dass es sich um ein UFO handelte. Ein UFO ist ein unidentifiziertes Flug-Objekt, also etwas, was unbekannt ist und am Himmel fliegt. Im Jahr 1947 sollen ganz viele UFOs gesehen worden sein. Daraufhin haben verschiedene Geheimdienste Untersuchungen durchgeführt. Sie fanden heraus, dass es tatsächlich unidentifizierte Flugobjekte gibt. Doch werden sie mit Sicherheit nicht von Außerirdischen gesteuert. Und auf unserem Planeten sind noch nie fremde Wesen gelandet. Es ist jedoch nicht auszuschließen, dass irgendwo im unendlichen Weltall, in fernen Galaxien UFOs herumdüsen. Sie sind aber mehrere Millionen Lichtjahre von unserer Erde entfernt. Diese Entfernung ist viel zu groß, als dass ihre Besatzung zu uns gelangen könnte. Manche Menschen erlauben sich Streiche: Sie werfen irgendwelche Gegenstände in die Luft und fotografieren sie geschickt. So sieht dann ein Teller oder eine Teekanne wie ein Raumschiff aus. Auch folgende Schwindelei konnte von Experten aufgedeckt werden: Ein Jugendlicher hatte ein UFO aus Pappe gebaut und anschließend science-fiction-mäßig bemalt. Das UFO konnte hervorragend schweben und sogar landen. Er brauchte dafür nur eine dicke Pappe, ein Geodreieck, Bleistift, Schere, einen Zirkel und Buntstifte. Auf die Pappe zeichnete er einen Punkt M. In M zeichnete er mit dem Zirkel zwei Kreise mit $r = 8$ cm und $r = 5$ cm. Danach zeichnete er den Durchmesser des kleineren Kreises ein; dann einen zweiten rechtwinklig zum ersten. So entstand ein Kreuz im kleinen Kreis. Nun zeichnete er ein zweites Kreuz, das zum ersten um 45° gedreht war. Eine Torte mit acht gleich großen Stücken entstand im kleinen Kreis. Als Nächstes schnitt er mit der Schere den großen Kreis entlang der Kreislinie aus. Nun musste er nur noch die Tortenstücke sorgfältig einschneiden. Dafür faltete er vorsichtig den Kreis entlang eines Durchschnitts so, dass der halbiert wurde. Jetzt konnte er gut mit der Schere einen Durchschnitt einschneiden, ohne in M ein Loch mit der Schere pieken zu müssen. Anschließend schnitt er sämtliche Tortenstücke bis zu Kreislinie des kleinen Kreises ein. Zum Schluss faltete er die Tortenstücke (Dreiecke) abwechselnd nach oben und unten und bemalte das UFO. Er warf es wie ein Frisbee und fotografierte es dabei.

1. **Teile den Text in drei Abschnitte.**

2. **Überlege dir für jeden Abschnitt eine passende Überschrift.**

3. **Bringe die Fotos in die richtige Reihenfolge, indem du sie nummerierst.**

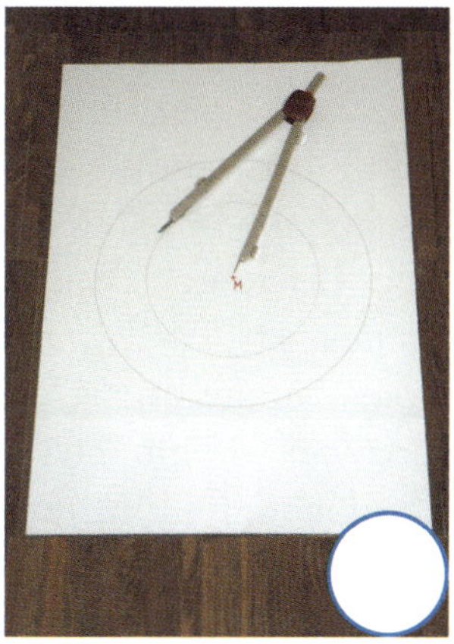

4. **Baue das UFO nach.**

Wale und ihre Jäger

Die Anfänge des Walfangs reichen weit zurück.

Im 16. Jahrhundert wurden die großen Meeressäuger von Ruderbooten gejagt. In jedem Boot saßen sechs bis acht Männer. Sie erlegten einen Wal mit Handharpunen und Lanzen. Anschließend banden sie ihn an der Längsseite eines Bootes fest und ruderten mit ihm zurück an Land. Besonders begehrt war die dicke Speckschicht der Wale. Sie macht rund 20 % der Körpermasse eines Wales aus. Der Speck wurde zu Tran verkocht. Aus Tran stellte man Kerzen, Seifen, Suppen, Farben und Schuhputzmittel her.

Im 19. Jahrhundert entwickelte man eine Harpunenkanone und baute große Walfangschiffe. Die Besatzung bestand aus 30 Seeleuten. Jedes Schiff besaß zusätzlich bis zu sechs Beiboote. Zur Jagd wurden meist vier dieser Boote mit je sechs Seeleuten eingesetzt. Auch der Schiffskoch oder der Schiffszimmermann mussten mit zur Jagd. Durch diese Fortschritte wurde es möglich, den schnelleren Blauwal zu jagen. Er ist mit einer Länge von ca. 25 Metern der größte Wal. Sein Gewicht beträgt rund 150 Tonnen*.

Bei den Jägern war er wegen seiner rund 2 000 Barten sehr beliebt.

Die Barten befinden sich im Maul des Wales anstelle von Zähnen.

Aus ihnen wurden Kunststoffe wie z. B. Nylon hergestellt. Wegen der Barten wurde auch Jagd auf Brydewale und Seiwale gemacht. Sie haben zwar nur halb so viele Barten wie ein Blauwal, lassen sich aber leichter fangen. Denn Bryde- und Seiwale sind nur halb so lang wie Blauwale und bringen nur ein Drittel seines Gewichts auf die Waage.

Im 19. Jahrhundert wurde auch der Pottwal besonders stark gejagt. Er ist mit 17 Meter Körperlänge der größte Wal mit Zähnen. In seinem Darm kommt die seltene Ambra vor. Ambra war damals ein wichtiger Stoff für die Parfümindustrie.

Der Kopf des Pottwals enthält viel Walrat. Daraus wurden Schmiermittel, Waschmittel und Kosmetika (z. B. Lippenstift) hergestellt.

Die Jagd auf Wale war sehr beliebt, weil man viel Geld damit verdiente. So ging der Walbestand in den Weltmeeren deutlich zurück. Einige Arten sind sogar vom Aussterben bedroht. So schätzt man die Zahl der Pottwale auf nur noch 10 000. Zwergwale leben heute noch sehr viele (ca. 1 Mio.), doch auf sie haben es die Walfänger in letzter Zeit am stärksten abgesehen. Zwergwale gehören zu den Bartwalen, werden aber nur acht Meter lang und wiegen nur bis zu acht Tonnen. Deshalb sind sie leicht zu fangen.

Die Internationale Walfangkommission (IWC) versucht, die Wale zu schützen. Sie hat mit vielen Ländern Regeln vereinbart: Walfang ist nur noch für Polarvölker wie die Inuit** erlaubt, weil sich diese vom Walfleisch ernähren müssen. Außerdem dürfen Wale gefangen werden, um die Tiere zu untersuchen und zu erforschen. Trotz dieser Regeln wurden in den letzten 20 Jahren rund 30 000 Wale gejagt. Die Hälfte der Wale wurde von Walfängern aus Japan gefangen, ein Viertel von Norwegern und ein Achtel von Walfängern aus Russland. Die restlichen 12,5 % wurden von Isländern, Koreanern und Polarvölkern getötet.

* *1 Tonne entspricht 1 000 kg.*

** *Volk am Nordpol*

1. **Wie viele verschiedene Walarten werden im Text genannt? Unterstreiche sie blau.**

2. **Wie viele Barten hat ein Seiwal und wie viele Tonnen wiegt er? Rechne im Heft.**

3. **Hier siehst du, woraus sich ein Zwergwal zusammensetzt. Berechne die einzelnen Gewichte im Heft.**

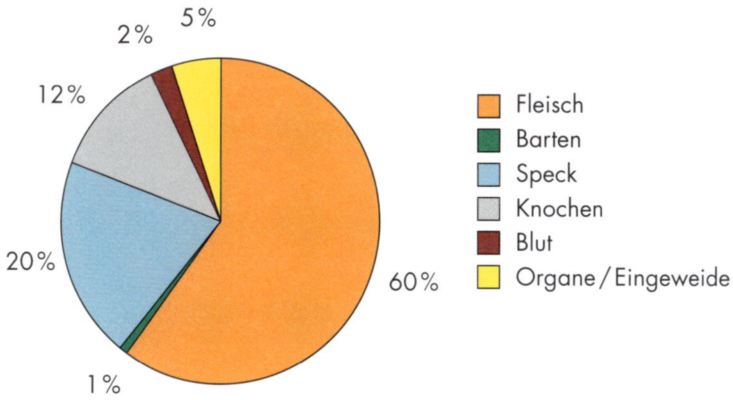

4. **Zeichne ein Kreisdiagramm, das zeigt, welchen Anteil (in %) die Länder am Walfang haben. Schreibe auch eine farbige Legende dazu.**

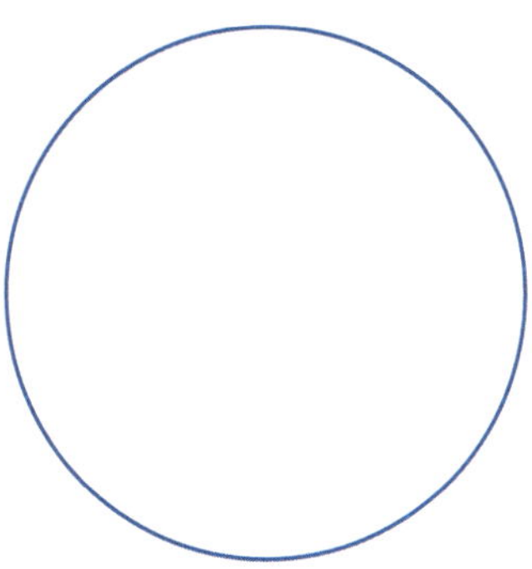

5. **Überlege dir selbst Aufgaben zum Text über Wale und ihre Jäger. Schreibe sie in dein Heft und lass sie von einem Partner beantworten.**

Der berühmteste deutsche Pirat

Der Erfinder Trebor hat eine Zeitmaschine entwickelt und düst damit durch die Jahrhunderte. Diesmal landet er im Mittelalter, direkt auf dem Schiff des Piraten Klaus Störtebekers. Seit 1395 macht Störtebeker mit seinen Männern die Nordsee unsicher. Trebor geht auf Zehenspitzen über das Holzdeck des Schiffes. Das Segelschiff heißt „Roter Teufel". In seiner Mitte befindet sich der Hauptmast mit einem großen, weißen Segel. Darauf ist Störtebekers Wappenfigur: ein roter Teufel.

Als Trebor sich umdreht, steht er plötzlich einem Piraten mit langen blonden Haaren und Bart gegenüber.

„Was willst du denn hier?"

„Ich heiße Trebor und komme aus der Zukunft. Ich möchte Störtebeker ein paar Fragen stellen."

„Na, dann schieß los. Ich bin Störtebeker."

„Bist du gerade erst Pirat geworden?"

„Nein, früher war ich auf der Ostsee. Die musste ich verlassen, weil die Herzogin Ingeborg aus Mecklenburg mit der dänischen Königin Margarete Frieden geschlossen hat. Dann haben sie ihre Flotten auf mich gehetzt."

„Hattest du nicht mit der dänischen Königin Margarete eine Liebesaffäre?"

„Das muss eine von den vielen Legenden über mich sein. Ganz im Gegenteil: Ich habe im Auftrag von Ingeborg dänische Handelsschiffe überfallen, als die beiden Länder noch Krieg führten."

„Und ich dachte, du würdest Schiffe der Hanse plündern."

„Ja, das tu ich jetzt auch. Schließlich haben die Handelsschiffe der verbündeten Städte Hamburg, Bremen, Lübeck, Rostock und Wismar die besten Waren an Bord: Wein, Bier, Gewürze, Wolle. Einen Teil der Beute behalten wir. Den Rest verscherbeln wir zu günstigen Preisen in Ostfriesland."

„Was? Werdet ihr nicht sofort gefangen, wenn ihr im Hafen anlegt?"

„Hahaha, nein. Die Menschen jubeln und feiern, wenn wir kommen, vor allem in Marienhafe. Die Friesen führen schon seit vielen Jahren Krieg gegen die Hanse. Sie freuen sich, dass wir ihre Feinde überfallen und die Waren mit ihnen teilen."

„Ach so, deshalb nennt ihr euch auch Likedeelers: Gleichteiler."

„Nun hab ich aber auch mal eine Frage an dich: Wie sehen meine nächsten Jahren aus?"

„Äh, tut mir leid, aber ich muss weg."

Wie der Blitz läuft Trebor zur Zeitmaschine und düst davon. Er möchte Störtebeker nicht erzählen, dass er im Jahr 1401 von einer hamburgischen Flotte gefangen genommen und geköpft wird. Der Legende nach soll der Bürgermeister der Hansestadt Hamburg zu Störtebeker gesagt haben: „Diejenigen Seeräuber überleben, an denen du es schaffst, nach deiner Enthauptung vorbeizugehen."

So schritt der kopflose Störtebeker an elf Piraten vorbei. Dann warf ihm der Henker einen Block vor die Füße und er stürzte. Der Bürgermeister brach sein Wort. Er ließ doch alle 73 Schädel zur Abschreckung an der Elbe aufspießen.

1. **Unterstreiche im Text alles, was Trebor sagt, blau, alles, was Störtebeker sagt, rot.**

2. **Was fehlt in dieser Zeichnung? Ergänze es.**

3. **Hier haben sich senkrecht, waagerecht und diagonal neun Wörter versteckt.
Finde sie und bilde zu jedem Wort einen Satz, der zum Text passt. Schreibe so in dein Heft:**

Z	K	M	H	E	E	H	E	Q	O	K
K	L	A	U	S	K	B	A	S	S	I
Q	F	G	W	O	L	L	E	N	T	E
P	C	A	L	E	X	G	U	J	S	H
M	A	R	I	E	N	H	A	F	E	E
X	Q	E	Q	L	C	O	S	X	E	V
M	I	T	T	E	L	A	L	T	E	R
A	O	E	X	L	R	N	N	M	J	K
L	I	K	E	D	E	E	L	E	R	S

Hanse: Die Hanse ist ein Bund aus Handelsstädten.

4. **Zeichne selbst ein Wortsuchrätsel mit Wörtern rund um Störtebeker. Lass es von einem Freund lösen.**

Meldungen zum Thema Alkohol

1. Nach einem tödlichen Wett-Trinken mit einem Jugendlichen sitzt ein Berliner Kneipenwirt in Untersuchungshaft. Dem 26-Jährigen wird Körperverletzung mit Todesfolge vorgeworfen. Der Wirt soll einem 16-Jährigen 40 Gläser hochprozentigen Tequila ausgeschenkt haben. Er selbst habe sehr viel weniger getrunken und den Jugendlichen so getäuscht. Der Jugendliche fiel ins Koma und starb an den Folgen der Alkoholvergiftung.

Quelle: www.faz.net, 24.07.07

2. Manuela Pape ist rund um die Uhr über ihr Handy erreichbar. Sobald ein Jugendlicher im Krankenhaus mit Alkoholvergiftung eingeliefert wird, ruft man sie an. Die Ärztin steht am Bett, wenn der junge Patient nach dem Rausch im Krankenhaus aufwacht. Pape spricht zunächst über die Folgen des Alkohols. Dann versucht sie, die Gründe und Probleme des Jugendlichen herauszufinden und bietet ihm Hilfen an, z. B. erlebnispädagogische Angebote auf einem Reiterhof. Sie sollen das Selbstbewusstsein stärken und die Jugendlichen motivieren, ihr Leben zu ändern. „Es macht keinen Sinn, diese Partys zu verbieten. Wenn sich die Wirte an das Jugendschutzgesetz hielten, hätten die Partys mit Alkohol nicht solch schlimme Folgen", glaubt Olaf Reis, ein Kollege von Frau Pape. Vielmehr müssten Jugendliche besser über Alkohol aufgeklärt werden. Bei der „Druckbetankung" reagiert der Körper zu spät auf den Alkohol. Unwohlsein oder Müdigkeit setzten gar nicht ein. „Dann kann es lebensbedrohlich werden", sagt Reis. Erbrechen, Unterkühlung und Ohnmacht sind die Folgen. Außerdem können die Jugendlichen einem Gewaltverbrechen zum Opfer fallen. „Viele Jugendliche trinken, weil ihre Eltern auch trinken", sagt Reis.

Quelle: www.naumburger-tageblatt.de, 10.07.07

3. Koma-Saufen, Kampftrinken, Gelage im Park, Flatrate-Sause ... Zum Teufel Alkohol greifen bereits 11-jährige Kinder. Rund 22 Prozent der Jugendlichen zwischen 12 und 17 Jahren trinken regelmäßig alkoholische Getränke. Gründe dafür sind: Neugierde, Spaß haben, cool sein, abspannen, sich sicherer fühlen, Gruppenzwang. Prävention sei schwierig, aber überaus wichtig: Die Risiken des Alkoholkonsums und der verantwortungsvolle Umgang mit Alkohol muss Thema in Schulen, Sporteinrichtungen, Betrieben und Familien werden.

Quelle: www.www.nd-online.de, 26.07.07

4. Alkohol bremst das Wachstum und zerstört Gehirnzellen. Zudem programmiert er bei Jugendlichen das Gehirn auf Sucht. Sie werden leichter alkoholabhängig als Erwachsene, weil das Gehirn erst im Alter von 17 bis 18 Jahren ausgereift ist. Ein derart programmierter Kopf ruft immer wieder nach Alkohol. Außerdem lässt die Erektionsfähigkeit der Jungen nach. Volltrunken ein Mädchen zu verführen, scheitert deshalb meist. Wird im Rausch ein Verhütungsmittel vergessen, können Mädchen ungewollt schwanger werden oder sich mit einer sexuell übertragbaren Krankheit anstecken. Viele Jugendliche meinen, im Vollrausch dem Druck aus Schule und Elternhaus entfliehen zu können. Doch Alkohol löst die Probleme nicht, sondern verdrängt und vergrößert sie nur. Auch Liebeskummer und Depressionen können verstärkt werden. Wer zu Aggressionen neigt, hat sich nicht mehr unter Kontrolle und rastet schneller aus. Anzeigen wegen Köperverletzungen oder Sachbeschädigung können die Folge sein.

Quelle: www.Focus Schule Nr. 3, Mai/Juni 2007

1.

Welche Überschrift gehört zu welchem Zeitungsartikel? Ordne zu, indem du sie nummerierst.

- ◯ Teufel Alkohol greift nach den Kindern
- ◯ Zugedröhnt, abgestürzt und aufgefangen
- ◯ Viele Gründe, warum Alkohol und Wettsaufen so gefährlich sind
- ◯ Tödliches Flatrate-Saufen – Haftbefehl gegen Kneipenwirt

2.

Unterstreiche die möglichen Gründe für das Trinken von Alkohol blau.

3.

Schreibe die Folgen des Alkoholkonsums wie folgt in dein Heft.

körperliche Folgen	seelische Folgen
...	...

4.

Warum können Flatrate-Partys lebensbedrohlich enden? Sprich mit einem Partner darüber.

5.

In den Zeitungsartikeln werden unterschiedliche Maßnahmen und Hilfen für Jugendliche zum Schutz vor Alkohol genannt. Welche sind deiner Meinung nach sinnvoll, welche nicht? Sprich mit einem Partner darüber und begründe deine Meinung.

6.

Wie viele Jugendliche zwischen 12 und 17 Jahren trinken regelmäßig Alkohol?
a) aus deiner Klasse
b) aus deiner Schule
Rechne im Heft.

Das Abschlussquiz

Viel Spaß beim Kriss-Kross-Rätsel!

waagerecht:

1. Messgerät für Tornados
3. brutaler Fußballfan
5. Trendsportart aus Frankreich
8. schwierige Lebensphase
13. Name des Vaters von Laura
14. Beruf von Mrs. Stockton
15. Abkürzung für unidentifziertes Flugobjekt
16. friedfertiges Ureinwohnervolk
17. Stoff des Wales zur Kerzenherstellung
23. Ungeheuer von Troller's Gill
25. Titel der Biografie eines Torwarts
26. Heimat des Kragenbären
28. Vorname Störtebekers
30. Darauf können viele Jugendliche verzichten.
31. Name des Geschichtenerzählers aus Eragon

Senkrecht:

2. Folge von übermäßigem Alkoholkonsum
4. Krimiserie mit Stuntwoman D. Horvath
6. sehr wichtige Menschen im Leben
7. ewiges Weltwunder
8. Bedeutung von Flecheiro
9. Name eines DSDS-Teilnehmers
10. Name des blauen Drachens aus Eragon
11. größter bezahnter Wal
12. reiches Land in Südamerika
18. Vorgänger des Glückskeks
19. Sportart auf einer Raumstation
20. brasilianischer Kampftanz
21. Titel eines Jugendkrimis
22. Ware eines Handelsschiffes im 19. Jahrhundert
24. Alter von David Lama (Schreibe die Zahl aus!)
27. Haarfarbe Störtebekers
29. Abkürzung für Wohngemeinschaft

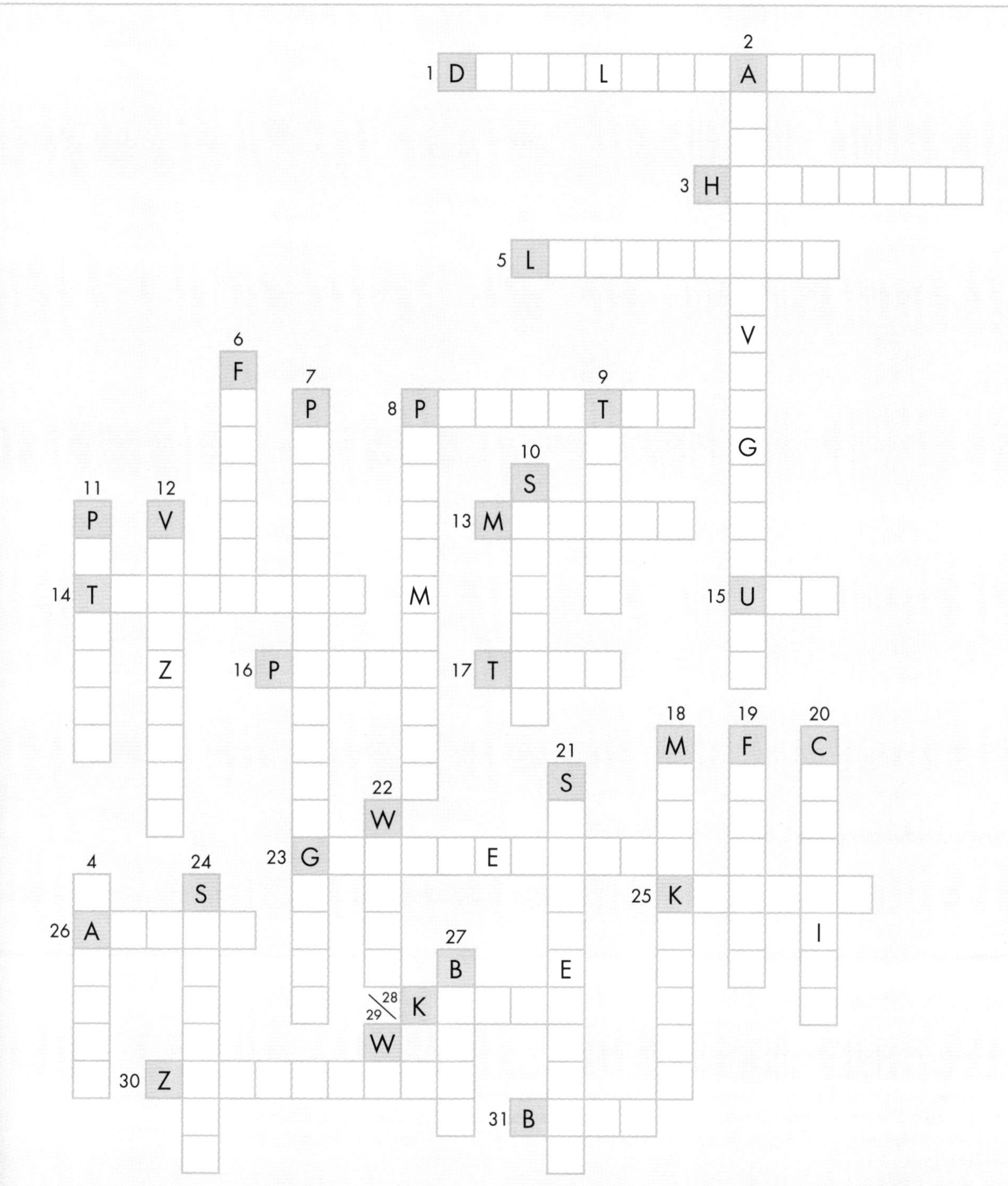
1 D
2 A
3 H
4
5 L
6 F
7 P
8 P
9 T
10 S
11 P
12 V
13 M
14 T
15 U
16 P
17 T
18 M
19 F
20 C
21 S
22 W
23 G
24 S
25 K
26 A
27 B
28 K
29 W
30 Z
31 B
L
V
G
M
Z
E
I
E

Bildnachweis: Arco Digital Images: S. 5, 1. Foto v. o., 3. Foto v. u.; Bastei Lübbe Taschenbücher: S. 10; cbj cbt omnibus Verlagsgruppe Random House GmbH: S. 38; ESA, DLR: S. 21; getty images: S. 16; getty images/Nationalgeographic: S. 16; Julia Sulies, Isernhagen: S. 12, 31, 47; MEV Verlags GmbH, Augsburg: S. 5, 2. und 3. Foto v. o., 22, 42; mpfs/JIM-Studie 2006: S. 8; picture-alliance: S. 5, 1. u. 4. Foto v. u., 6, 14, 22, 32, 45; pixathlon: S. 45; Synovate GmbH, München: S. 40; Visual Impact/Rainer Eder: S. 28; wikipedia: S. 5, 1. Foto v. o.

Grafik: Elisabeth Galas, Köln
Layout- und Umschlaggestaltung: Astrid Sitz, Köln
Umschlagfoto: Peter Ferstl, Regensburg

www.bildungsverlag1.de

Bildungsverlag EINS
Sieglarer Straße 2, 53842 Troisdorf

ISBN 978-3-427-**07398**-7